Im Tempel der Isis

Die amerikanische Autorin **Belle M. Wagner** war eine Eingeweihte, die im 19. Jh. esoterische Bücher veröffentlichte.

<u>Über das Buch:</u>

Wir können mit Sicherheit sagen, dass "Im Tempel der Isis" einzigartig ist und für sich steht. Es gibt kein anderes gedrucktes Buch wie dieses, und wenn der alte Salomo nicht gesagt hätte: "Es gibt nichts Neues unter der Sonne", wären wir geneigt, ihm zu widersprechen. Isis bedeutet die Mutter von allem, während Osiris der Vater von allem ist. Der Tempel der zwei Wahrheiten wie Materie und Geist muss im Inneren verwirklicht werden. Die polaren Gegensätze sind diejenigen der Geschlechter, die als zwei Pole eines Gesetzes oder Prinzips ausgedrückt werden, wie es die hermetische Philosophie lehrt, bevor das Gesetz der Polarisierung von Geist in Materie und Materie zurück in Geist verstanden werden kann. Der Alchemist und der Astrologe besitzen diese Weisheit gleichermaßen, und es war dieses Wissen, das die Priesterkönige von Ägypten zu Recht als Magier oder Weise berühmt machte.

"Im Tempel der Isis" ist eines der ganz großen Bücher der Esoterik, das in keinem Bücherschrank eingeweihter Leser fehlen sollte.

IM TEMPEL DER ISIS.

DIE ZWEI GÖTTLICHEN WAHRHEITEN
MATERIE UND GEIST

VON
BELLE M. WAGNER.

Ursprünglich:
ASTRO-PHILOSOPHICAL PUBLISHING CO.
Neuübersetzung 2022

DIE BLAUE EDITION BD. 28

Bibliografische Information der Deutschen Nationalbibliothek:
Die Deutsche Nationalbibliothek verzeichnet diese Publikation in der
Deutschen Nationalbibliografie; detaillierte bibliografische Daten
sind im Internet über dnb.dnb.de abrufbar

Neuübersetzung 2022

Herstellung und Verlag: BoD – Books on Demand, Norderstedt
ISBN: 978-3-7568-8703-3

Inhaltsverzeichnis

VORWORT DES HERAUSGEBERS.

Wir können mit Sicherheit sagen, dass "Im Tempel der Isis" einzigartig ist und für sich steht. Es gibt kein anderes gedrucktes Buch wie dieses, und wenn der alte Salomo nicht gesagt hätte: "Es gibt nichts Neues unter der Sonne", wären wir geneigt, ihm zu widersprechen.

"Ihr Einssein mit der Quelle des Seins machte ihnen die geheimen Vorgänge der Natur bewusst und befähigte sie, wie die Weisen von heute, den Tempel der Isis zu betreten und die hinter dem Schleier verborgenen Geheimnisse zu betrachten.

Die Reinheit der Motive und die Aufrichtigkeit der Absichten brachten ihnen damals den gleichen Lohn ein wie den heutigen, die sich läutern, bevor sie nach dem Wissen und der Weisheit suchen, die im "Allerheiligsten" - dem "Tempel der Isis" - verborgen sind.

Isis bedeutet die Mutter von allem, während Osiris der Vater von allem ist.

Der Tempel der zwei Wahrheiten wie Materie und Geist muss im Inneren verwirklicht werden.

Die polaren Gegensätze sind diejenigen der Geschlechter, die als zwei Pole eines Gesetzes oder Prinzips ausgedrückt werden, wie es die hermetische Philosophie lehrt, bevor das Gesetz der Polarisierung von Geist in Materie und Materie zurück in Geist verstanden werden kann.

Der Alchemist und der Astrologe besitzen diese Weisheit gleichermaßen, und es war dieses Wissen, das die Priesterkönige von Ägypten zu Recht als Magier oder Weise berühmt machte.

Sie existieren noch immer in den Geisterwelten und können ihre Weisheit auf diese Ebene der Erde übertragen, die die Erde zu einem wahren Paradies machen würde, wenn die Rasse nur dazu gebracht werden könnte, ihre magischen Kräfte zu erkennen.

Wissenschaftliche Erfindungen, die für die Rasse von großer Bedeutung sind, werden auf diese Weise auf die Erde projiziert, und geistige Adepten der okkulten Gesetze werden die "Weisheitsreligion" auf der Erde in all ihrer Schönheit und Erhabenheit wiederbeleben, wenn die westliche Rasse intellektuell und geistig bereit ist, sie zu empfangen.

Die Natur wiederholt sich immer wieder in Zeitzyklen, sowohl auf der geistigen und mentalen als auch auf der physischen Ebene des Lebens.

Ende, es gibt keins. Zeit und Ewigkeit sind das allgegenwärtige Jetzt, soweit es den Geist betrifft. Deshalb werden die Leser dieses seltsamen okkulten Buches eines Tages seine Wahrheiten als naturgesetzliche Realitäten auf den geistigen Ebenen des Lebens erkennen. Es ist eine klare, praktische Erklärung der Seelenhochzeit und des Seelentransfers von einem irdischen Tempel zu einem anderen.

Die Naturgesetze sind immer dieselben; deshalb sind die hier geschilderten Erfahrungen auf Neophyten, die heute die Seeleneinweihung suchen, genauso anwendbar wie in den Tagen des Tempels der Isis, und wenn der Schleier der Isis auch nur für einen einzigen Augenblick gelüftet werden könnte, würde die Welt durch die geheimnisvollen Offenbarungen, die sich ihr offenbaren, erschreckt werden.

Dieses Buch wird sowohl Seher als auch Eingeweihte des Okkulten mit magischer Kraft ansprechen. Seine Wahrheiten sind die der Seele und des Geistes und können zur Überprüfung auf die Seelenentwicklung des Lesers warten.

Die Wahrheit braucht keine Entschuldigung; daher wird keine als Entschuldigung für diese Veröffentlichung anbieten. Es ist unser Wunsch, dass unsere Leser eines Tages selbst erfahren, dass die Wahrheit tatsächlich seltsamer ist als die Fiktion.

EINLEITUNG.

Wenn wir unseren Lesern diesen kleinen Band vorlegen, bitten wir sie, ihn nicht als Fiktion, sondern als göttliche Wahrheit über die hierin offenbarten Gesetze zu akzeptieren.

Es wird keine Aussage gemacht, die dem göttlichen Willen des Menschen nicht möglich ist. Auch wenn sie nach eurem äußeren Wissen nicht bewiesen werden kann, solltet ihr sie nicht ablehnen und erklären, dass sie nicht wahr ist.

Die Geschichte wird euch lehren, dass es tatsächlich einen "Isis-Tempel" gab, und die Übersetzungen der wunderbaren Magie, die dort vollbracht wurde, obwohl viele von ihnen sehr unrichtig sind, lassen vermuten, dass von diesem Tempel eine Weisheit ausging, die für die menschliche Familie als Ganzes noch nicht zu verstehen ist.

Der "Tempel der Isis" existiert nicht mehr in äußerer Form, und die Hierophanten dieses Tempels sind von dieser auf die geistigen Ebenen darüber übergegangen. Aber müssen wir dadurch denken, dass die blinden Kräfte der Natur nicht mehr kontrolliert werden können? Die Kräfte sind heute noch dieselben, aber der Verstand des Menschen kann die Wahrheit nicht begreifen, dass sich die Geschichte wiederholt.

Mächtige Hierophanten sind heute auf der Erde, im Keim, und wenn die Zeit kommt, die günstig für aktive geistige Arbeit auf dem westlichen Kontinent ist, werden sie hervorgerufen werden, und Ägypten wird sich weder seiner wahren Kinder noch ihrer Werke schämen.

Die Weisheitsreligion Ägyptens existiert noch immer, und wir können mit dieser Weisheit durch die Entwicklung unserer Seelen in Kontakt treten. Selbst die Weisen des Ostens üben noch heute ihren geistigen Einfluss auf uns aus, wenn wir es nur wüssten.

Das Problem liegt bei uns, nicht bei ihnen. Sie werden es niemals vor einer ehrlichen Seele verbergen, die wirklich nach Licht, Leben und Liebe sucht.

Folgt uns sorgfältig bis zum Ende, ohne Vorurteile, und wenn ihr fertig seid und immer noch glaubt, dass es eine Fiktion ist, bemüht euch, seine Unwahrheit zu beweisen, und hört nicht auf, bis ihr die Stufe der Seelenentfaltung erreicht habt, die euch befähigt, die Ebene einzunehmen, auf der ihr neben den großen Hierophanten des "Tempels der Isis" stehen könnt.

DIE AUTORIN.

KAPITEL I. DIE OFFENBARUNG DES ASTROLOGEN.

Obwohl es schon sehr spät war, fast Mitternacht, hatte sich die Priesterin gerade in ihre Gemächer zurückgezogen, um sich auszuruhen.

Die Riten des Tages waren äußerst lang und ermüdend gewesen, wie immer für eine Priesterin der Isis, die bei der Beerdigung eines hochrangigen Menschen anwesend war; und ein großer Adliger des Landes sowie ein naher Verwandter der Priesterin selbst waren an diesem Tag beerdigt worden.

So mischte sich der persönliche Kummer mit der beeindruckenden und feierlichen Größe des Anlasses und verlieh ihm zusätzliches Gewicht, doch seltsamerweise waren ihre Gedanken weder bei den Ereignissen des Tages noch bei den Toten, sondern ihre Gedanken ruhten jetzt dort, wohin sie im Laufe des Tages schon oft gewandert waren, nämlich zu ihrer kleinen Magd und besonderen Dienerin sowie Vestalin im Tempel, Sarthia.

Sarthia, die gleich zu Beginn der Gesänge und der Litanei in ihrer Rolle versagt hatte, wurde mit einem kläglichen Stöhnen und einem flehenden Blick auf sie eilig aus der Versammlung herausgezogen und in die Privaträume begleitet.

Armes Kind, dachte sie, die Belastung ihrer Gefühle, der feierliche Anlass, war zu groß für sie angesichts der Krise, die, ohne dass sie es wusste, nun bevorstehen musste. Als sie jedoch von einer Pflegerin erfuhr, dass das junge Mädchen ruhig ruhte und offenbar nicht krank war, besuchte sie es nicht persönlich, sondern beschloss, bis zum Morgen zu warten.

Einmal, zweimal, dreimal, gerade als die Priesterin sozusagen die Grenze zum Schlaf überschritten hatte, hatte das bleiche Gesicht mit den flehenden Augen und dem klagenden Schrei sie wieder zu klarem Bewusstsein gebracht.

"So geht das nicht", sagte sie und sprang auf. "Irgendetwas stimmt nicht", und sie nahm ihren Mantel und glitt schnell durch die Gänge, um sich wenige Augenblicke später über die stumme und reglose Gestalt Sarthias zu beugen.

So geräuschlos sich die Priesterin auch näherte, irgendeine innere Schwingung hatte Sarthia ihr Kommen angekündigt, und mit einer bebenden und schnellen Bewegung sprang sie von ihrer Liege und warf sich impulsiv in die Arme der Priesterin.

"Ach, süße Mutter, geliebte unserer gesegneten und göttlichen Isis, höre mich und hilf mir", flüsterte das Mädchen, angespannt und leise, so leise, dass es nur das lauschende Ohr der Priesterin erreichte.

"Sprich, Kind", antwortete die Priesterin, während sie Sarthia mit einem starken Arm zärtlich an ihren Busen drückte und mit dem anderen sanft über ihren zitternden Körper strich.

"Ah! ich danke dir, liebe Mutter; es ist so gut und freundlich von dir, heute Abend zu mir zu kommen. Ich habe den ganzen Tag so unter deinen Gedanken gelitten; du bist in deiner Sarthia enttäuscht worden, und das auch noch mit Recht. Eine Vestalin, die beim Anblick des Todes fast in Ohnmacht fällt, ist nicht aus dem Stoff gemacht, der für den Tempeldienst benötigt wird . Aber glaube mir, liebe Priesterin, das Problem ist viel tiefer, als es an der Oberfläche erscheint. Das Ritual heute Morgen hat nur den Anlass geliefert oder, besser gesagt, eine Krise beschleunigt, die bereits nahe bevorstand. Seit einiger Zeit werde ich von sehr starken Vorahnungen eines gewaltsamen Todes heimgesucht. Nacht für Nacht treiben sich dunkle Erscheinungen an meinem Bett herum, und erst letzte Nacht wachte ich auf und fand den Vogel Nu, die Eule, aus dem inneren Heiligtum des Tempels auf meinem Kissen sitzend, den Kopf schüttelnd und mich höchst traurig anquakend."

"Was?", rief die Priesterin aus. "Der Vogel von Nu. Ah! das ist in der Tat sehr ernst. Die Sache muss sofort untersucht werden. Aber, mein Kind, wenn sich all diese Vorzeichen bewahrheiten, fürchtest du dann den Tod? Waren all unsere Lehren umsonst? Hast du so wenig Fortschritte im Wissen und in der Philosophie des Daseins gemacht, dass du von dunklen Schatten überwältigt wirst und angesichts des Gefühls und der Show einer äußeren Zeremonie schwach wirst? Der Prunk, der so überwältigend an die Gefühle der Außenwelt appelliert, ist das notwendige Mittel, um die Menschen über die schrecklichen und gewaltigen Geheimnisse des Lebens und des Todes zu unterrichten. Aber der Eingeweihte sollte durch tatsächliche Erfahrungen in diesen verborgenen Reichen gestützt werden und ein Wissen über ihre innere Natur besitzen, das ihn auf eine Ebene stellt, die weit über der Reichweite der Furcht liegt; außerdem sollte er mit jener brennenden Liebe zur Weisheit ausgestattet sein, die in aller Ruhe das Gute im Bösen und das unsterbliche Leben im Schatten, der Tod genannt wird, erkennen kann. Glaube nicht, dass ich dich tadle, mein Kind. Ich versuche nur, meine wahre Sarthia, die unfähig ist, Furcht zu empfinden, in diesen physischen Ausdruck namens Körper zurückzurufen.

"Da, schon leuchtet die helle Seele wieder mit ihrem gewohnten klaren Licht. Halte es fest und lass es nicht wieder so flackern, und nun muss ich dich verlassen, um ein Gespräch mit dem Chef der Astrologen zu suchen. Die Aufzeichnungen und das Horoskop deiner Geburt müssen sorgfältig geprüft und die Bedeutung dieser Vorzeichen bestimmt werden. Gute Nacht, mein Kind."

Mit einem zärtlichen und mütterlichen Kuss zog sich die Priesterin zurück. Sie ging gemächlich und nachdenklich zu einem entfernten Teil des Tempels, nachdem sie zuvor einen Boten losgeschickt hatte, der ihr Kommen ankündigte und um eine Audienz bat, wohl wissend, dass die Priester der Astrologen zu dieser frühen Stunde des Morgens alle inmitten ihrer eifrigsten Studien, Berechnungen und tiefgründigsten Beobachtungen sein würden.

Aber Sarthia konnte, als sie allein gelassen wurde, nicht einschlafen, obwohl sie durch die zärtliche Gegenwart und die erhabenen Worte der von ihr verehrten Priesterin wunderbar beruhigt und getröstet wurde. Stattdessen geriet sie bald in einen Zustand erholsamer Kontemplation und schwebte von einem Thema zum anderen, bis sie sich plötzlich mit einer äußerst lebhaften und erschreckenden Vision konfrontiert sah. "Kann das sein?" Ja, tatsächlich, da saß der ehrwürdige Astrologe und hielt in seiner Hand ihr Geburtshoroskop. Neben ihm saß der Schreiber und jugendliche Astrologenpriester Hermo, der mit den notwendigen Berechnungen beschäftigt war. Sein Gesicht war von einer seltsamen Blässe überzogen und seine zusammengepressten Lippen verrieten eine ungewöhnliche Erregung. Die Priesterin war ihnen teilweise zugewandt, gelassen, aber mit einer ernsten, nachdenklichen Miene.

Endlich blickte Hermo auf und sagte: "Die Richtungen für das gegenwärtige Lebensjahr sind erstellt und der Schicksalsbogen sorgfältig berechnet, verehrter Meister", und reichte sein Werk dem Astrologen, der es nahm, kurz studierte und sich dann an die Priesterin wandte.

"Was ist das Ergebnis, verehrter Vater?", fragte sie sanft.

Der Astrologe schüttelte langsam den Kopf und antwortete eindrucksvoll: "Nach allen Gesetzen unserer Wissenschaft, und du weißt, wie wahr sie sind, kann der physische Organismus von Sarthia diesen gegenwärtigen Zyklus der schönen Göttin der Nacht nicht überleben." Und mit einer majestätischen Bewegung schob er einen Vorhang beiseite und gab den Blick auf den Mond frei, der nun tief im Westen stand.

"So kurze Zeit", sagte die Priesterin. "Morgen Nacht ist Vollmond, und müssen wir wirklich unsere Sarthia vor dem nächsten Neumond verlieren? Was ist die Natur dieser bösen Einflüsse?"

"Die Planeten deuten in ihren Konfigurationen auf eine plötzliche und gewaltsame Auflösung hin", lautete die Antwort.

"Ah, jetzt", sagte Sarthia entschlossen zu sich selbst, als sie sich von der Vision abwandte, "jetzt verstehe ich alles", und mit einem Gefühl des Erstaunens über ihre neu erlangte Hellsichtigkeit fiel sie in einen tiefen und erholsamen Schlaf.

KAPITEL II. IN ANWESENHEIT DES HIEROPHANTEN.

In den ersten Momenten des Erwachens erinnerte ein scharfer Schmerz Sarthia an die Vision und ihre Enthüllungen in der vergangenen Nacht. Doch ihr Geist hatte seinen philosophischen Tonfall wiedergefunden, und sie ging ruhig und gefasst ihren gewohnten Pflichten nach, und wie so oft, wenn eine unausweichliche und gewaltige Katastrophe bevorstand, erschien ihr das Leben nur noch größer, noch realer. Als sie im Laufe des Tages die Aufforderung erhielt, den großen Hierophanten und Hohepriester zu treffen, erschien ihr das, was zu jeder anderen Zeit ein höchst bedeutsames Ereignis gewesen wäre, nur noch im Licht des Erwarteten und Notwendigen.

Als sie in die Gegenwart des Heiligen Vaters geführt wurde, schien die ganze Wohnung von einer Atmosphäre wohltuender Wärme und elektrisierenden Lebens durchdrungen zu sein, die irgendwie vom inneren Wesen des Priesters selbst ausing und sowohl geistige und seelische als auch körperliche Kraft ausstrahlte.

Einige Augenblicke lang betrachtete der Hierophant die junge Vestalin schweigend, aber Sarthia war sich bewusst, dass er ihre innersten Gedanken und Beweggründe wie ein offenes Buch las, bis hin zu ihrer Vision des Astrologen und seiner fatalen Ankündigung, die ihr Leben betraf.

"Mein Kind", sagte er schließlich, "bist du bereit für die große Veränderung, die jetzt schon bevorsteht?"

"Nein, Vater, ich bin noch nicht bereit, aber ich habe mich damit abgefunden, dass die Planeten, die mein physisches Schicksal lenken, unausweichlich zu sein scheinen".

"Du hast gut gesagt, dass du noch nicht bereit bist. Dein Leben hat für dich gerade erst begonnen. Seine Erfahrungen, seine vielen

Lektionen und Pflichten sind alle noch nicht gelernt, und du würdest unreif in die geistige Welt übergehen. Deine junge Seele würde wie eine Frucht, die zu früh vom Baum gepflückt wird, langsam reifen, viele ihrer Aromen verlieren und niemals bestimmte ihrer besten und höchsten Qualitäten erreichen, denn wie du sehr wohl weißt, hängt der Fortschritt in der nächsten Stufe der Existenz von den Errungenschaften in dieser ab.

"Du bist noch nicht bereit, sagst aber, dass du bereit bist, dich dem Unvermeidlichen zu beugen. Das ist weise, doch hast du nicht schon oft gehört, dass der Mensch sein eigenes Schicksal bestimmt und dass die Seele gottähnliche Kräfte geerbt hat, durch die sie sich auf die Ebene erheben kann, die sie beherrscht, anstatt den blinden oder planetarischen Kräften der Natur zu gehorchen?"

"Gewiss, verehrter Vater, ich habe das alles gehört, aber ich bin sehr unwissend. Gibt es solche Möglichkeiten für meine Seele?", und irgendwie begann unmerklich Hoffnung in ihrem Herzen aufzudämmern und die Lebenskräfte zu beleben.

"Die blinden Kräfte der Natur zu beherrschen ist wie das Beherrschen eines wilden Tieres. Obwohl das Tier viel stärker ist als der Mensch und ihn in Stücke reißen kann, kann der Mensch ihm durch Voraussicht ausweichen oder es in Fallen, Ketten oder auf andere Weise überwinden. So, mein Kind, gibt es Wege, auf denen der Mensch, unterstützt durch sein eigenes Wissen und durch die Belehrung der verstorbenen Geister, ja, durch die unsterblichen Götter selbst, sogar den bösartigen Planeten in ihrem verheerenden Lauf ausweichen kann.

"Meinem hellsichtigen Blick zufolge befindet sich jedes winzige Atom deines physischen Organismus in dem subtilen Prozess der Depolarisierung von der Einheit hin zu Chaos und Auflösung. Du selbst bist dir dieses Zustandes nicht bewusst, nur weil er dir offenbart wurde, denn deine Seele ist so lebendig, dass sie sich ihres physischen Ausdrucks fast nicht mehr bewusst ist, und gerade deshalb wäre der Schock der Auflösung umso größer, wenn er käme; bezeuge zum Beispiel deinen unerwarteten Zusammenbruch gestern Morgen. Ach! Der plötzliche Tod ist ein höchst bedauerliches Unglück, und dein bedauernswerter Geisteszustand war nur ein Vorgeschmack auf das, was der Zustand deiner Seele für viele lange Jahre sein würde, wenn du damals gestorben wärst, und er wird es auch jetzt noch sein, wenn auch in geringerem Maße, es sei denn, dieser schnell kommende Schlag kann abgewendet werden.

"Sollte jedoch das Schlimmste eintreten, so bleiben dir noch etwa zehn Tage dieses äußeren Lebens, und unter unserer besonderen Fürsorge und Vorbereitung kannst du in den Stunden der physischen Zeit jahrelange Erfahrungen machen, und deine Seele kann so ausgerüstet mutig ihre Reise in die geistige Welt antreten. Sei versichert, mein Kind, alles Mögliche wird für dich getan werden."

"Ah, danke, danke, gütiger und guter Vater", rief Sarthia aus, warf sich dem Hierophanten zu Füßen und küsste mit Tränen in den Augen den Saum seines Gewandes.

"Aber das Leben ist wirklich süß, besonders für die Jugend, nicht wahr, mein Kind?", sagte der Priester, hob Sarthia sanft an seine Seite und hielt ihre zitternde Gestalt fest umschlungen. "Glücklicherweise gibt es eine Alternative, die wir dir zur sorgfältigen Überlegung und Entscheidung anbieten können.

"Hört mir zu und schenkt mir eure Aufmerksamkeit. Kennst du die junge Prinzessin Nu-nah?" Sarthia beugte sich zustimmend vor.

"Seit diesen vielen Wochen liegt sie nun in einem halbbewussten Zustand, die Seele schwebt um ihren irdischen Tempel, unsicher, ob sie gehen oder bleiben soll. In mancher Hinsicht entspricht ihr Zustand dem euren, nur dass bei euch, je näher die Auflösung rückt, eure Seele heller und aktiver wird, während die ihre immer latenter wird; dieses Ergebnis ist größtenteils der Unterschied der Umgebung - ein Kontrast zwischen der Entfaltung der

Seele, die im Tempelleben möglich ist, und der inmitten der Ablenkungen der Außenwelt.

"Heute Nacht, in der Nacht des Vollmonds, wird die Prinzessin Nu-nah in den Tempel gebracht und die Riten durchgeführt, die den großen Wandel der Seele einleiten. Auch du, mein Kind, musst ihr Gesellschaft leisten. Die gleiche Reise liegt vor euch beiden, und ihr könnt Hand in Hand durch das dunkle Tal des Todesschattens gehen.

"Und jetzt, genau hier ist der Punkt, an dem alles von *eurer* Entscheidung abhängen wird. Es ist uns möglich, mit Hilfe der uns bekannten Kunst der Magie eure beiden Seelen in eine solche magnetische Verbindung zu bringen, dass an einem bestimmten Punkt die Schwingungen der beiden für einen einzigen Augenblick im Einklang sind. In diesem bedeutsamen Augenblick kann die Polarität der beiden Seelen ausgetauscht werden, so dass die nachfolgenden Schwingungen eurer Seele euch zu Nu-nahs Körper ziehen, während Nu-nahs Seele zu eurem Organismus gezogen wird, und so wird der erste große Schritt im Drama vollzogen.

"Diese große Veränderung wird die physische Krise in jedem Organismus beschleunigen. Aber deine Seele kann, während sie mit Nu-nahs Körper verbunden ist, leicht die bösartigen planetarischen Einflüsse überwinden, die ihn zerstören würden, wenn sie dort wäre; während ihre Seele in deinem Körper durch ihren bloßen Nicht-Widerstand die Einflüsse *unwirksam* macht, die absolut tödlich wären, wenn du noch da wärst, wenn das Böse herabkommt. Auf diese Weise entziehst du dich den blinden Kräften der Natur. Zwei Leben werden für die Pflichten und Erfahrungen dieser Welt geschont. Dies wird der zweite Teil des Dramas sein, und nun kommt der dritte und letzte Punkt, den wir betrachten müssen, das Ergebnis.

"In dem Maße, in dem dies eine höchst erstaunliche Veränderung in eurem Seelenleben ist, wird die Auswirkung in der Tat, vielleicht sogar für euer gegenwärtiges Verständnis, erschreckend sein.

"Nachdem deine Seele einmal ihren neuen Tempel betreten hat, wird sie gezwungen sein, dort zu verbleiben, polarisiert durch die neuen Kräfte, die während des Durchgangs durch die Krise in Gang gesetzt wurden. Dann wird Sarthia, unsere helle und geliebte Vestalin, von nun an als Prinzessin Nu-nah bekannt sein und für eine gewisse Zeit das Leben einer Prinzessin führen und ihre Pflichten erfüllen müssen.

"Andererseits wird die Prinzessin Nu-nah den äußeren Körper unserer Vestalin Sarthia anziehen und in das Leben des Tempeldienstes eintreten, allerdings mit dem Unterschied, dass dieser Wechsel von dir bewusst vollzogen wird, während Nu-nah es wahrscheinlich nicht wissen wird, bis sie endgültig in die Geisterwelt übergeht. Ihr früheres Leben ist bereits aus dem Gedächtnis verschwunden, während das Bewusstsein für das neue Leben allmählich wie bei einem Säugling erwachen wird, und da sie in dieser Angelegenheit nicht konsultiert werden kann, liegt die Entscheidung allein bei dir.

"Heute Nacht um Mitternacht wird Ihre Antwort verlangt werden. Bis dahin: Lebt wohl, und Gott sei mit Euch."

KAPITEL III. DIE MITTER-NACHT DES VOLLMONDES.

Es fehlten noch einige Stunden bis zur schicksalhaften Mitternacht, als Sarthia, deren Körper nach den vorgeschriebenen Riten parfümiert und gesalbt worden war, von treuen Dienern aus dem Bad in den Hof des Heiligtums getragen und auf eine Liege neben einer anderen gelegt wurde, auf der bereits die bewusstlose Gestalt der lieblichen Prinzessin Nu-nah ruhte.

Aber Sarthia war, obwohl sie für einen äußeren Beobachter so unbewusst war wie die schöne Nu-nah, nie wacher als jetzt, jedes Atom ihres Wesens und ihrer Seele aufmerksam auf alles, was um sie herum geschah und ihr durch ihre wunderbare neue Gabe des Hellsehens und Hellhörens vermittelt wurde.

Niemals hatte sie mit dem äußeren Auge lebhafter den Anblick der Säulen und Korridore gesehen, die sich in und um das Heiligtum schlängelten und nun von der vollmundigen Königin der Nacht erhellt wurden, die sie durch einen bestimmten Torbogen leuchten sah, und ihr Herz klopfte, als sie die Anzahl der Torbögen zählte, die die schöne Luna durchschreiten musste, bis sie um Mitternacht durch den Torbogen über ihr herabscheinen würde.

Schon hatten die seltsamen Gesänge begonnen, unterbrochen von Soli mit erlesenen Harmonien von Streich- und Blasinstrumenten - Antworten und Echos.

Weihrauch brannte und Düfte stiegen auf und vermischten sich in einer unbeschreiblichen Einheit mit Melodie und Bewegung, während die duftenden Dämpfe aus den brennenden Räuchergefäßen um die Kolonnaden und Säulengänge waberten und umhüllten, fügten Geistergestalten ihre Anwesenheit zu der erhabenen Szene hinzu und brachten Blumen, Aromen und Harmonien aus den göttlichen Wohnstätten der Götter selbst mit.

Sarthia bemerkte nicht, wie die Zeit verging, und war in jedes kleinste Detail der Wunder, die um sie herum geschahen, vertieft, so dass sie fast schläfrig wurde, als sie plötzlich den Mond sah, der sich dem letzten Torbogen näherte, und doch war sie unschlüssig. Sie drehte sich um und blickte ihre Gefährtin an, wobei sie im Geiste fragte: "Kann ich Nu-nah werden?"

Nu-nah war sehr schön und eine Prinzessin. Aber auch Sarthia war schön, und in ihren Adern floss königliches Blut, wenn auch aus einem anderen Zweig als dem des derzeitigen Herrscherhauses.

Nu-Nah war kalt und hochmütig, gewohnt, zu herrschen und zu gehorchen.

Sarthia war äußerlich bescheiden, eine Vestalin des Tempels, aber in ihrem Geist und ihrer Seele so herrisch wie eine Königin des Himmelsreichs. Sie widmete sich leidenschaftlich dem Streben nach Weisheit und den Möglichkeiten, im Tempeldienst Wissen zu erlangen, sogar Magie stand ihr offen. Konnte sie ihre Tempelheimat, ihre Wachstumsmöglichkeiten, ihre vergötterte Priesterin verlassen, um in die Umgebung von Nu-nah zu gehen?

Dieser Gedanke erschien ihr schlimmer als der Tod selbst. "Jeder muss sterben", sinnierte sie, "und ich kann genauso gut einmal sterben wie ein anderer."

Dann kam ihr ein anderer Gedanke in den Sinn - Hermo. Er hatte begonnen, sie in die Geheimnisse seiner Wissenschaft der Astrologie einzuweihen. Hermo, für den sie eine reine schwesterliche Wertschätzung empfand und der so stolz auf ihre rasche Beherrschung seines Lieblingsstudiums war. Und dann erinnerte sie sich an die Vision der vergangenen Nacht, als Hermo ihrem hellsichtigen Auge seine Aufregung über ihr bevorstehendes Schicksal gezeigt hatte.

"Aber wenn ich zu Nu-nah werde und Nu-nah zu Sarthia, wird Hermo den Unterschied nicht bemerken und so wird ihm der

Schmerz erspart bleiben, seine junge Schwester zu lieben. Außerdem hat Nu-nah einen Geliebten, mit dem sie verlobt ist und den sie schon geheiratet hätte, wäre da nicht ihre langwierige Krankheit, der herrliche junge Prinz Rathunor, den ich nie gesehen habe."

Ah! Das war in der Tat eine schlimme Komplikation. Die Liebe war ein höchst geheimnisvolles und unbekanntes Gefühl für sie. Sie könnte Prinz Rathunor hassen, und "dann würden wir beide wünschen, ich wäre gestorben", und sie lachte halb sich über die häusliche Komödie, die sich ihr so darbot.

Zu diesem Zeitpunkt verfiel Sarthia in eine plötzliche und tiefe Bewusstlosigkeit, entweder als Reaktion auf das geworfene Licht oder auf einen leichteren Gedanken, der auf ihre überreizte Natur einwirkte, oder möglicherweise durch einen subtilen, starken Einfluss, der von dem in ihrer Nähe brennenden Räuchergefäß ausging.

Wenige Augenblicke später - es kam Sarthia vor, als hätte eine Ewigkeit dazwischen gelegen - begann sie einen heftigen Kampf, um zu erwachen. "Warum, wie ist das möglich?", dachte sie. Sie schien von einer Art toter Wand umhüllt zu sein. Das Gehirn, das Herz, die unendlichen Verästelungen der Nerven reagierten in keiner Weise auf ihren Willen und ihre äußerste Anstrengung. Fast erschöpft von dem ungleichen Kampf begann ihr zu dämmern, dass sie sich wirklich bemühte, den anderen Körper zu beleben. "Bin ich zu Nu-nah geworden?" Ja, in der Erregung des Augenblicks erhob sie sich auf ihre Liege und stützte sich auf den Ellbogen, um die starre Form dessen zu betrachten, was einen Augenblick zuvor sie selbst gewesen war.

Doch ihre Bewegung hatte eine Gestalt neben der Couch aufgeschreckt, jemand, der sich während der Zeit der Bewusstlosigkeit unbemerkt von Sarthia genähert hatte.

Ein junger Mann, der ihr als das gottähnlichste Wesen erschien, das sie je gesehen hatte, und der ihren Blick wahrnahm, sprang mit einem leisen Ausruf der Freude auf sie zu, nahm ihre Hand in die seine und drehte ihr Gesicht nach oben und blickte ihr mit leidenschaftlicher Zärtlichkeit in die Augen.

"Meine Nu-nah, du wirst leben", murmelte er. "Kennst du deinen Rathunor?"

Von der Liebe in seinen Augen bis zum Erstickungstod erregt, vibrierte jedes Atom ihrer Seele zu einem neugeborenen und überwältigenden Gefühl, spürte sie, wie sie langsam aber sicher die Kontrolle über ihren neuen Körper verlor. Doch mit einer einzigen Kraftanstrengung drückte sie die Hand, die ihre hielt, erwiderte den Blick in seinen Augen, stieß einen tiefen, bebenden Seufzer aus und war verschwunden.

Als sie das Bewusstsein wiedererlangte, befand sie sich in ihrem eigenen Körper. Rathunor war verschwunden und die ersten schrägen Strahlen des Mondes fielen durch die letzte Öffnung.

Es war Mitternacht, und sie befand sich in Kommunikation mit dem Hierophanten, der sie von einem anderen Teil des Heiligtums aus ernsthaft betrachtete und erneut ihre innersten Gedanken las.

Wenige Augenblicke zuvor hatte sie fast beschlossen, dass sie nicht Nu-nah sein konnte, dass der Tod jetzt, hier in diesem heiligen Heiligtum , weitaus besser war als Hunderte von Jahren als Prinzessin des materiellen Reiches. Doch nun war ein neuer Faktor in ihr Wesen getreten. Eine Kraft, subtiler als alle Weisheit, mächtiger als das Leben oder die Ewigkeit selbst, hatte ihre Seele durchdrungen - die Liebe! Die Liebe, die erste, die höchste, die allumfassende Kraft des mächtigen Universums, und mit dieser neuen Liebe war auch die Eifersucht ins Leben gerufen worden.

"Rathunor liebte Nu-nah! Bin ich nicht ein seltsamer Eindringling? War es nicht schlimmer, Nu-nah durch meine Entscheidung ihres Geliebten zu berauben, als sie ihres weiteren physischen Lebens zu berauben?"

Denn ein Leben ohne Liebe, so schien es ihr jetzt, wäre mehr als die Qualen der untersten Höllen. Und mit Rathunor als seine Frau zu leben, während er sie die ganze Zeit für Nu-nah hielt, wäre eine unaufhörliche Qual, schärfer und intensiver, als wenn sie als dritte Person angekettet wäre, um zu sehen, wie er die tatsächliche Nu-nah in ihrem eigenen Körper liebte.

"Heiliger Vater und verehrter Hierophant", stöhnte sie, "helft mir, ich kann mich nicht entscheiden."

"Mein Kind", kam die mentale Antwort auf ihren Ruf, "wenn du sicher sein könntest, dass Rathunor *dich* in Nu-nahs Körper lieben würde, würde dir die Entscheidung leicht fallen?"

"Ja, in der Tat, lieber Vater."

"Dann seid versichert, dass es so sein wird, wie ihr es euch wünscht. Wir geben dir unser heiliges Wort, dass Rathunor *dich* lieben wird."

Dann hob er den Arm wie zum Segen und wiederholte langsam dreimal wie eine Beschwörung die Worte "Ruhe in Frieden", und noch bevor der Widerhall seiner Stimme verklungen war, hatte die Seele von Sarthia ihren irdischen Aufenthaltsort und Tempel für immer verlassen.

KAPITEL IV. INNERHALB DES ADYTUMS.

Nachdem sie aus ihrem Körper in die Astralwelt entschwebt war, verharrte Sarthia mehrere Tage lang in einem Zustand tiefen, traumlosen Schlummers und ging dann allmählich in einen Zustand des Halbbewusstseins mit gelegentlichen Erinnerungsschüben über, bis sie sich eines Tages in unmittelbarer Nähe zweier Personen wiederfand, die sich ernsthaft unterhielten, und sich der bedeutsamen Ereignisse, die sich soeben zugetragen hatten, und ihrer gegenwärtigen körperlosen Situation voll bewusst wurde. Und mit einem unbeschreiblichen Schauer erkannte sie die Stimme von Rathunor, der den Hierophanten ansprach.

"Und so, hochverehrter Vater, entwickeln sich alle Dinge positiv und steuern auf einen zufriedenstellenden Höhepunkt zu?", sagte er.

"So ist es, mein Sohn", lautete die Antwort. "Und doch", fuhr der Prinz fort, "hat die Seele der Prinzessin Nu-nah, abgesehen von dem einen kurzen Schimmer des Wiedererkennens in der ersten Nacht der Zeremonien, allem äußeren Anschein nach, den Ort vollständig verlassen. Der Körper wird anscheinend durch einen magischen Prozess aufrechterhalten, dessen Natur ich nicht verstehe."

"Das stimmt, mein Sohn, aber das muss dich nicht beunruhigen. Die Ressourcen der Natur sind zahlreich und weit davon entfernt, erschöpft zu sein. Aber die Jugend ist nun einmal ungeduldig. Hast du die Prinzessin so sehr geliebt?"

An diesem Punkt hätte sich Sarthia zurückziehen wollen, aber ihr Wunsch, zu bleiben, fesselte sie an den Ort, und als sie den Hierophanten ansah, erkannte sie, dass ihm ihre Anwesenheit bekannt war und dass er wünschte, dass sie blieb.

Der Prinz dachte einige Augenblicke nach, bevor er antwortete, und sagte dann mit einem halben Seufzer: "Du weißt, o Vater, dass ich selbst diese Heirat nicht besonders begehrt habe. Seit meiner frühesten Kindheit habe ich meine Cousine und Spielkameradin liebgewonnen. Als sie heranreifte, bewunderte ich mit familiärem Stolz ihre vollkommene Schönheit, ihren hochmütigen Geist und ihre Fähigkeit zu herrschen. Und doch, wie Sie, der Sie so leicht die innersten Geheimnisse des Herzens lesen können, wissen müssen, war ich nicht in der Lage, in dieser Verbindung das Glück für mich zu erkennen, nach dem sich meine Seele sehnte, oder das Sie mich in der ehelichen Liebe erwarten ließen. Wenn mein Ehrgeiz mich unwiderstehlich dazu trieb, die äußeren Schicksale der Menschheit zu erfüllen, ein Monarch von unsur vergangener Macht und Pracht zu werden, dann wäre Nu-nah die königliche Gemahlin, die für solchen Stolz und Pomp absolut geeignet wäre. Aber du weißt, oh Vater, all diese Dinge sind wie leere Seifenblasen und Kinderspielzeug für jemanden, der danach strebt, ein Priesterkönig zu werden, für den, der Tag und Nacht nach Weisheit hungert und dürstet, nach Wissen über die innersten Geheimnisse der Natur, die von der Priesterschaft so eifersüchtig gehütet werden, aber von den Göttern selbst denen offenbart werden, die würdig sind, sie zu kennen, und die geeignet sind, sie zu nutzen und dabei zu helfen, die Pläne und geordneten Abläufe des Universums selbst auszuführen.

"In Form und Aussehen entspricht Nu-nahs Ebenbild meinem höchsten Ideal, aber wenn ich von den Gedanken und Bestrebungen spreche, denen meine Seele nachhängt, dann entsetzt mich ihr kalter Blick des Unverständnisses über den gewaltigen Unterschied in unseren Naturen. Ihre Gedanken können niemals in den Bereich eindringen, in dem meine Lebenskräfte ihren Mittelpunkt haben. Niemals habe ich von ihr die Antwort erfahren, nach der sich meine Liebe sehnen würde."

"Hast du denn zu keiner Zeit das Gefühl gehabt, dass Nu-nahs Liebe zu dir trainiert werden könnte und sich mit der Zeit so entwickeln würde, dass sie auf dich reagieren würde?"

"Nu-nah scheint nicht fähig zu sein, die Liebe der Seele zu empfinden. Sie akzeptiert mich als einen ihr zustehenden Liebhaber, dessen Aufmerksamkeit und Anwesenheit ihren Stolz und ihre Eitelkeit befriedigen. Nicht ein einziges Mal, oder vielleicht nur ein einziges Mal, habe ich jemals eine Anerkennung der Liebe gesehen oder zu sehen geglaubt, und das war in der Vollmondnacht während der letzten Zeremonien. Als ich mich mit Ihrer Erlaubnis für einen Moment der Couch näherte, auf der sie ruhte, erhob sie sich plötzlich in eine halb sitzende Position und schien seltsam erschrocken über meine Anwesenheit ence. Mit einem Schauer der Hoffnung, dass endlich die Liebe erwacht, sprang ich vor und redete besorgt und liebevoll mit ihr. Zum ersten Mal in meinem Leben erschütterte ihr Blick mein Herz bis ins Innerste. Als sie meine Hand drückte, taumelte mein Gehirn vor Rausch, und die Liebe in ihren Augen brennt noch heute in meiner Seele, wenn ich mich an diese eine Sekunde des Glücks erinnere. Aber leider fiel sie in ihren früheren leblosen Zustand zurück und verweilt so lange, bis ich Zweifel habe, ob es nicht doch eine Illusion war, die mit dem wunderbaren Zauber jener Nacht zusammenhing."

"Nein", sagte der Hierophant, "ich kann dir versichern, dass das, was du erlebt hast, *echt* war, und dass du, wenn diese Angelegenheit zu einem erfolgreichen Abschluss kommt, fortan in Nu-nah alles finden wirst, was deine Seele begehrt, dass ihr eifriger Geist den deinen immer im Streben nach Wissen und höchster Weisheit führen wird."

Dann wandte sich der Hierophant im Geiste an Sarthia, die unsichtbare Zeugin des Gesprächs: "Habe ich nicht recht, wenn ich dieses Versprechen für dich an Rathunor gebe? Glaubst du, wir haben auch unser Versprechen erfüllt, daß Rathunor dich lieben wird?"

Aber ihr Herz war zu voll, um zu antworten. Dann lenkte er ihre Aufmerksamkeit auf ihren Standort und ihre Umgebung, und zum ersten Mal wurde ihr mit Erstaunen, ja fast mit Schrecken bewusst, dass sie sich im "HEILIGEN ADYTUM - DEM ALLERHEILIGSTEN" befand, während der Hierophant und Rathunor in einem angrenzenden Hof und in der Privatwohnung des Hohepriesters waren.

"Mein Kind", antwortete der Hierophant auf ihre sprachlose Frage nach der Bedeutung dieses Wunders, "es gibt keine Schranken für die körperlose Seele. Dieser Ort, der so religiös bewacht wird und für den gewöhnlichen Sterblichen so unzugänglich ist , steht jeder Seele offen, die einen bestimmten Grad der Einweihung in die göttlichen Geheimnisse der Natur bestanden und jene Reinheit des Herzens erlangt hat, durch die der Mensch seinen Gott schauen kann.

"Morgen Abend, anlässlich des Neumonds, wird in dieser Heiligen Kammer die Vereinigung deiner Seele mit der von Rathunor geweiht, und hier wird auch die mystische Übertragung zwischen deiner Seele und der von Nu-nah vollzogen.

"Und nun lasse ich dich hier zurück, während ich Rathunor begleite. Während du allmählich in die süße Stille dieses heiligen Ortes versinkst, beobachte die Bedeutung einiger der erstaunlichen Geheimnisse der Natur, die sich hier demjenigen offenbaren, der Augen hat, um zu sehen, und die Gabe des Verstehens besitzt."

Ihre erste Empfindung, als sie allein gelassen wurde , war, dass sie wie der Dampf eines Atems über den sich wiegenden Kränzen aus brennendem Weihrauch schwebte, und während sie sich so in seliger Ruhe zurücklehnte, dämmerte ihrer Vision ein Blick auf den riesigen Tempel in seiner absoluten Gesamtheit. Er nahm die seltsamen Umrisse eines gigantischen menschlichen Körpers an, und alle seine Verästelungen wurden zu geordneten Entsprechungen des menschlichen Organismus in seinen mannigfaltigen Verzweigungen. Dann ließ sie das ganze gewaltige Zeremoniell dieses Körpers vor ihrem geistigen Auge Revue passieren, wobei jeder

Ritus symbolisch für eine bestimmte körperliche, geistige und seelische Funktion stand, und sie staunte über die Anpassungsfähigkeit der Teile aneinander und dann an das große Ganze.

Vor allem aber war sie beeindruckt von der Bedeutungstiefe dieses heiligen Adytums in seiner symbolischen Beziehung zum gesamten Bauwerk. Bevor sie jedoch innehalten konnte, um darüber nachzudenken, änderte sich die Art der Vision, als ob ihr Auge plötzlich von der Linse eines Mikroskops zu der eines riesigen Teleskops gewechselt hätte. Vor ihr erstreckte sich der Sternenzodiakus, der in seinen Umrissen seinem Vorbild, dem menschlichen Körper, entsprach - dem Großen Tempel. Die Sonne und ihr Sonnensystem entsprachen verschiedenen lebenswichtigen Funktionen im menschlichen Organismus, aber die Krönung des Wunders kam, als sie die Beziehung zwischen unserem Planeten, der Mutter Erde, und dem Großen Mann des Himmels begriff, und ihre Seele war überwältigt, als alle Implikationen dieser Beziehung auf ihr Wesen eindrangen.

KAPITEL V. DIE ÜBER-
TRAGUNG.

Nach den Berechnungen des obersten Astrologen Priester fand gerade um Mitternacht die Konjunktion der Gestirne im Tierkreiszeichen des Mondes statt. Diese Vereinigung der Lichtkugeln des Tages und der Nacht hat eine starke magische Wirkung.

Die Schwingungen, die durch diese mächtige Vereinigung der positiven und negativen Kräfte der Natur in Bewegung gesetzt werden, wirken nicht nur auf das Wasser und die Erde, sondern auch auf die menschliche Familie. Nicht nur der mächtige Ozean gehorcht diesem wunderbaren Einfluss in der Ebbe und Flut seiner Gezeiten, auch die Erde, die sich um ihre Achse dreht ( ), gehorcht dieser mächtigen Kraft und manifestiert sich in ihren Tiefen und Höhen in ihrer schlangenförmigen Bewegung um die Sonne.

Die Gesetze der Natur sind sehr genau, und der Mensch muss seine Energien mit denen der Natur in Einklang bringen, um Herr seines eigenen Schicksals zu werden.

Gemäß der Verabredung und den zu treffenden Vorkehrungen war es notwendig, dass der Hierophant und die heiligen Männer des Tempels zu früher Stunde zusammenkamen, obwohl die Übertragung erst um Mitternacht stattfinden sollte.

Es war viel Vorbereitung nötig, denn in dieser Nacht sollte eine höchst bedeutsame Zeremonie stattfinden, die nur selten durchgeführt wurde, da nur wenige der Tempelpriester in diese heiligen magischen Riten eingeweiht waren. Sie waren zu heilig und heilig, um an viele weitergegeben zu werden, zu gefährlich für mögliche Fehler, zu unendlich in der Verantwortung, die solche Unternehmungen mit sich bringen. Nur diejenigen, bei denen Verstand, Seele und Geist in ihrem Organismus zu einer Einheit verschmolzen

31

waren, wurden jemals mit dem inneren Wissen über das Heilige Adytum - das Allerheiligste - betraut.

Nur die Anrufungen, die Gesänge und die Zeremonien, die zum Heiligen Heiligtum gehören, sollten eingehalten werden. Die Luft war erfüllt vom süßen Duft des Weihrauchs und von jenen feinen Parfüms, die so reizvoll und verlockend für die Seele sind. Schon Stunden vor der Durchführung der feierlichen Riten musste jeder Teil des Heiligen Tempels von ihrem magischen und mystischen Einfluss durchdrungen sein.

Die Leichen von Sarthia und Nu-nah lagen vor dem Altar im Heiligtum, beide in Gewänder gehüllt und parfümiert, als ob sie beerdigt werden sollten.

Der Hierophant des Tempels, die Priester und die Laienpriester sowie die Priesterinnen mit ihren Vestalinnen waren nun an ihren jeweiligen Plätzen versammelt.

Die Stunde der Mitternacht war gekommen. Die nun einsetzenden Gesänge versetzen die geistigen Kräfte in Schwingung, die nur die Seele und den Geist ansprechen.

Der subtile, stille Wille des Hohepriesters befahl geistig die Anwesenheit des verstorbenen Geistes von Sarthia. Auf seinen Befehl hin schwebte sie auf ihn zu, und als sie sich in einer gewissen Entfernung von ihrem leblosen Körper befand, blieb sie über ihm schweben. Sie kam bereitwillig und voller Freude, denn sie wusste, dass sich das Versprechen des Hohepriesters erfüllen würde, wenn sie in der Lage sein würde, den Körper und den Geist dessen, was noch Nu-nah gehörte, zu beleben und zu kontrollieren.

Rathunor war auf die dringende Bitte des Priesters hin anwesend. Er ahnte nicht, warum seine Anwesenheit so sehr erwünscht war und wie er, der so wenig über die Regeln und den Dienst im Tempel wusste, eine Hilfe sein konnte.

In der Nacht, in der Sarthia sich in Nu-nahs Tempel wiederfand und sich einen Moment lang bewusst erinnerte und sprach, war in seiner Seele ein Funke entfacht worden, der immer tiefer gebrannt hatte, bis er nun bereit war, beim ersten Hauch der Hoffnung, dass dieses neue Gefühl seelisch echt und unsterblich war, als immerwährende Flamme auszubrechen.

Wagte er es, einen Moment lang auf das Flüstern seines Inneren zu hören? Allein die Angst trieb ihn zurück und unterdrückte die Gedanken, die aus seinem Inneren aufstiegen, denn oh, wenn es nur vergebliche Hoffnungen waren, konnte er die Enttäuschung überleben? Der Gedanke war niederschmetternd, und besser, dachte er, nicht zu hoffen, als einer Illusion zu glauben.

Das magnetische Band, das Nu-nah noch an ihren gebrechlichen, niedergeschlagenen Körper fesselte, war noch nicht durchtrennt worden. Die unbewusste Seele hing oder schwebte vielmehr um ihren Tempel herum und wartete offenbar darauf, dass eine stärkere Kraft aus dem inneren Reich sie abrief.

Der Hierophant trat vor den Altar und rief mit erhobenen Händen die Anwesenheit der Götter und ihren Beistand bei dieser heiligen Zeremonie der Übertragung der spirituellen Lebenslinie, die den Geist mit der Seele und die Seele mit dem Körper verbindet.

Während die beiden Seelen an diesen magnetischen Lebensbändern über ihren eigenen Körpern hingen, kamen die Gesänge und die Musik durch den magischen Einfluss der Priester immer näher, als würden sie von einer starken magnetischen Anziehungskraft zusammengezogen.

Sowohl Sarthia als auch Nu-nah waren sich nicht bewusst, was vor sich ging. Nu-nahs Zustand war der natürliche unbewusste Zustand einer unentwickelten Seele beim Übergang vom physischen Tempel in die jenseitigen Reiche, während Sarthias Zustand durch den magischen Willen des Operators absichtlich herbeigeführt wurde.

Die Mitte der mystischen Stunde war gerade erreicht, als sich die beiden Lebenslinien trafen und für einen einzigen Augenblick verschmolzen, dann trennten sie sich und wurden, dem mächtigen Willen der Priester gehorchend, im Körper des jeweils anderen polarisiert.

Die magische, unsichtbare Kraft, die den Körper von Sarthia belebt hatte, wurde nun zurückgezogen, und die Seele von Nu-nah's begann allmählich, aber schwach, die belebende Kraft zu liefern, um die scheinbar leblose Form zu beleben und zu kontrollieren.

Sarthias geistiges Bewusstsein durfte nicht sofort zurückkehren. Das Erwachen mußte allmählich erfolgen, denn sie wußte, was getan wurde, und die Freude und Ekstase eines langen Lebens in den heiligen Banden der reinen Liebe mit Rathunor wäre verhängnisvoll, wenn sie plötzlich in ihr Bewußtsein eindringen würde.

Der Hohepriester wandte sich an Rathunor und sagte: "Unser geliebter Schüler, kehre jetzt zu deinen üblichen Pflichten zurück, aber versäume es nicht, morgen kurz vor zwölf Uhr nachts in den Tempel zurückzukehren."

Nun wurden die Körper von Sarthia und Nu-nah in einen anderen Teil des Tempels gebracht. Die Priesterinnen und Vestalinnen mit dem Chor und den Musikern wurden vermisst, als der erste Teil der feierlichen und heiligen Riten vorüber war, aber die Priester blieben und hörten nicht auf, ihre magische Arbeit fortzusetzen, denn die Schwingungen der neugeborenen Seelen waren noch nicht stark und mächtig genug, um ohne Hilfe zu bleiben, besonders die von Nu-nah.

KAPITEL VI. DAS ERWACHEN.

Die ständige Anwesenheit einiger Priester des Tempels war in den letzten vierundzwanzig Stunden ununterbrochen in der Nähe der Körper von Nu-nah und Sarthia gewesen, und durch ihre magische Hilfe wurden die Schwingungen der Seelen in ihren neuen Wohnungen stärker und recht harmonisch.

Die Stunde der Mitternacht rückte wieder in greifbare Nähe. Die wiederbelebten Gestalten der beiden jungen Mädchen wurden erneut in das Heiligtum des Tempels gebracht und vor den Altar und den Hierophanten gestellt, der bereits seinen Platz eingenommen hatte.

Die Priesterinnen des Tempels und ihre Vestalinnen ( ) begaben sich ruhig und feierlich zu ihren üblichen Plätzen. Der Chor hatte begonnen, den Eröffnungsgottesdienst zu singen, als sich Rathunor mit einem der Priester mit langsamen und gemessenen Schritten näherte, als ob eine falsche Bewegung die Feierlichkeit der mystischen Stille dieser Mitternacht stören würde.

Als sie sich der Stelle näherten, an der die beiden Leichen lagen, war in der stummen Gestalt von Nu-nah eine Bewegung zu spüren, die wie ein Bewusstsein wirkte.

Gerade als das ferne Glockenspiel die Mitternachtsstunde ankündigte, erhob sich der Hierophant und trat vor den Altar, und auf ein leises Signal hin ertönten aus der Ferne die tiefsten Töne der zauberhaftesten Musik. Die Stimmen und die Töne der Musikinstrumente waren so harmonisch und wunderbar verschmolzen, dass das Ergebnis eine magische Wirkung hatte. Die Töne wurden immer lauter - sie schienen immer näher zu kommen -, bis das ganze Gebäude wie von einem riesigen Orchester erfüllt war, das die Hymne des schöpferischen Lebens erklingen ließ: "Wir loben dich, o Gott".

Diese bezaubernde Musik dauerte noch eine Weile an, dann verstummte sie sanft, bis nur noch die Atemzüge der Musik zu hören waren, als der Hierophant seine Hände wie zum Flehen erhob. Die feierliche, schreckliche Stille der Stunde war ehrfurchtgebietend.

Einmal, zweimal, dreimal ertönte die Stimme des Hierophanten im ganzen Heiligtum, als er so zu ihren Seelen sprach:

"Erhebe dich, o Tochter der Isis, und tritt wieder in das tägliche Leben einer Vestalin und einer Prinzessin ein. Viele Jahre sind euch nun für euren Dienst vergönnt, und nun, da ihr beide die Trennlinie zwischen dieser und der anderen Ebene überschritten habt, sollte euer Leben von nun an von dieser Erfahrung geleitet und beeinflusst werden."

In diesem Moment stieg er vom Altar herab und nahm die hilflose Hand Sarthias, um dem stummen, leblosen Körper auf magische Weise die elektrischen Kräfte des Lebens zu verleihen.

Er wandte sich an Rathunor, der in der Nähe stand und ihn zu sich winkte, nahm seine Hand und führte ihn zu dem Körper Nunahs, hob sanft die scheinbar leblose Hand der stummen Gestalt und legte sie in die von Rathunor. Die Wirkung war in der Tat magisch.

Rathunor war wie gebannt, die erregenden Empfindungen, die Emotionen, die seinem Herzen entströmten, waren elektrisierend . Er konnte die gespannten Schwingungen spüren, die von seiner Hand auf ihren Körper übergingen, deren Quelle er weder ergründen noch verstehen konnte, und es kümmerte ihn in diesem Moment wenig, als er das leichte Zittern wahrnahm, das über die bis dahin leblose Gestalt seiner Prinzessin Nu-nah schlich.

An dieser Stelle wäre Rathunor von seinen Gefühlen freudiger Glückseligkeit überwältigt worden und hätte sich in dankbarer Dankbarkeit für die Wiederbelebung seiner geliebten Nu-nah zu Füßen des Priesters niedergeworfen, wenn der Hierophant nicht gerade in diesem Augenblick seine Hand auf Rathunors Schulter gelegt und gesagt hätte: "Mein Kind, bist du dir des Ortes und des Anlasses und des feierlichen Versprechens, das du mir gegeben hast, nicht mehr bewusst, meine Anweisungen tapfer und ohne den Anflug von Schwäche zu befolgen? Lass dir nicht wieder eine äußere Manifestation deiner Gefühle entgehen . Bist du wieder du selbst?"

Mit einer gewaltigen Willensanstrengung gelang es Rathunor, wenigstens äußerlich Ruhe zu bewahren, aber er konnte nicht sprechen, er konnte nur sein Haupt in Gewissheit neigen, und als der Priester angewiesen wurde, die Hand von Nu-nah zu halten, fuhr er hörbar fort: "Im Namen des allmächtigen und ewig leben- den Gottes verbinde ich nun diese beiden Seelen zu einer einzigen. Möge das Bewußtsein dieser Seelenvereinigung im Laufe der Zeit in ihr äußeres Gedächtnis eindringen und sie dann gemeinsam in bewußter Vereinigung auf dem ewigen Pfad des Fortschritts zum göttlichen Thron Gottes reisen. Amen! Amen!"

Rathunor hörte es, aber er verstand es nicht, und da er von dem stillen, übermächtigen Einfluss, der ihn umgab, überwältigt wurde, sank er neben der wiederbelebten Gestalt von Nu-nah ohnmächtig zu Boden.

Sobald er in einen äußeren Hof gebracht worden war, fuhr der Hierophant fort. Er wandte seine Aufmerksamkeit Sarthia zu und rief dreimal: "Nu-nah, Nu-nah, Nu-nah, von nun an sollst du Sar- thia die Vestalin genannt werden. Mögen die Schutzengel, die über deinen wiederbelebten Körper gestellt wurden, deine Seele be- wahren, bis dein Körper wieder gesund und dein Geist stark ist. Gott segne unsere neugefundene Vestalin. Amen."

Als das letzte Echo der Stimme des Priesters verklungen war, brach die Musik in einen freudigen Lobgesang aus und setzte sich fort, bis die Körper der jungen Mädchen abtransportiert waren. Sarthias Leichnam wurde an den Ort gebracht, an dem früher die Vestalin gewohnt hatte, und Nu-nahs Leichnam an den Ort, an dem die Prinzessin wohnte.

Rathunor erholte sich bald an der frischen Luft des äußeren Hofes und wurde nun von einem Boten des Hierophanten wieder vor ihn gestellt.

"Mein Sohn", sagte der Hohepriester, "gehe in das Haus der Prinzessin und bleibe entweder bei ihr oder in ihrer Nähe, bis drei Zyklen von sieben vergehen. Nach einundzwanzig Tagen kannst du in dein eigenes Haus zurückkehren und das gewohnte Leben eines Prinzen führen, bis die Zeit kommt, in der der Prinz der Welt den Weg zum König der Weisheit beschreiten wird", und mit einem inbrünstigen Händedruck und einem Segenswunsch für das Wohlergehen seiner Seele verabschiedete er sich von ihm und verließ das Heiligtum.

KAPITEL VII. EIN BESUCH BEI DEM OBERSTEN ASTROLOGEN.

Einige Wochen nach den vorangegangenen Zeremonien teilte ein Bote dem Astrologenpriester mit, dass die Priesterin ein Gespräch wünsche.

Hermo saß an seinem Platz und machte die üblichen täglichen Berechnungen für den Priester. Als die Priesterin eintrat, erhob sich Hermo und wollte sich gerade zurückziehen, als die Priesterin ihm mit einer Handbewegung zu verstehen gab, dass seine Anwesenheit erforderlich sei.

Die Priesterin begann: "Oh, verehrter Vater, ich komme erneut, um mit deinem astrologischen Wissen um Hilfe für Sarthia zu bitten. Die Erinnerung an die Vergangenheit scheint völlig ausgelöscht zu sein. Gibt es irgendeinen Aspekt, der zeigt, dass die Erinnerung zurückkehren wird, und wenn nicht, zu welchem Zeitpunkt zeigen die Planeten den Beginn der Geistesschulung an, die einen erfolgreichen Ausgang in geistigen Dingen bringen wird? Wir müssen mit ihr als Kind beginnen und den Körper, den Geist und die Seele zum Vestalendienst ausbilden."

Der Astrologe wandte sich an Hermo und sagte: "Hörst du die Bitte unserer Priesterin hier? Notiere sie und sieh nach, zu welcher Zeit die Planeten günstig für die Aufnahme unserer neuen Sarthia in den Tempeldienst der Isis stehen."

"Wie geht es unserer neuen Sarthia?", erkundigte sich der Priester.

"Noch nicht", antwortete die Priesterin, "aber das stört meine Hoffnung und meinen Glauben nicht, dass sie all das werden wird, was wir uns von ihr wünschen, und dass wir statt einer Vestalin zwei haben werden, denn bald wird auch Nu-nah zu unseren Vestalinnen gezählt werden und Rathunor zu unseren Priestern."

Die Priesterin dankte dem Priester für seinen versprochenen Dienst und zog sich zurück.

Der Astrologe kehrte zu seinen Studien zurück und war bald damit beschäftigt, als er sich plötzlich an Hermo wandte und sagte: "Hermo, ich werde Sarthia unter deine besondere Obhut stellen, sobald sie bereit ist, ihr Studium der Astrologie zu beginnen."

Die plötzliche Bemerkung des Priesters verwirrte den jungen Schreiber sehr und brachte ihn ins Grübeln. Seltsame Gedanken kamen ihm in den Sinn: "Warum sollte Sarthia ihre Studien *nicht* bei mir fortsetzen, warum sollte sie eine besondere und *nicht* eine Mitschülerin werden?"

Er konnte sich diese seltsamen Gedanken, die in ihm aufkamen, nicht erklären, und in den restlichen Arbeitsstunden wurde nicht das übliche Maß an Arbeit geleistet.

Zu früher Stunde in der nächsten Nacht, noch bevor Hermo zu seiner nächtlichen Arbeit erschienen war, schickte der Astrologenpriester nach der Priesterin. Sie folgte der Aufforderung eilig, da sie spürte, dass sie eine sehr wichtige Nachricht zu erhalten hatte. Kaum war sie eingetreten, sagte der Priester: "Edle Priesterin, nach meinen Berechnungen kann unser kleines Kind, Sarthia, frühestens in einem Monat als Schülerin in den Tempel der Isis aufgenommen werden. Zwei Tage vor dem Vollmond werden die geistigen Strahlen am aktivsten und stärksten sein, und da sie von so harmonischer Natur sind, können wir auf die zufriedenstellendsten Ergebnisse hoffen. Die Aufgabe wird langsam sein und viel Geduld erfordern, meine Priesterin, denn die vererbten Tendenzen des Gehirns, die bisher das Leben und die Erfahrungen dieser Seele beeinflusst haben, müssen in anderen Kanälen polarisiert und allmählich zum Bewusstsein erweckt werden. Das Leben des Körpers, den er in den vergangenen Jahren belebt hat, war nicht von der Art, eine gesunde Seele reifen zu lassen.

"Die Arbeit mit unserer neuen Sarthia besteht nun darin, die Seele dem Gehirn, das auf geistige Weise kultiviert und vergrößert wurde, gleichzustellen, während die Arbeit mit Nu-nah darin bestehen wird, dieses Gehirn zu erwecken und zu entwickeln, damit es die bewusste Antwort der gereiften Seele ist. Habe ich mich klar ausgedrückt? In meinem jungen Schüler Hermo werden wir einen höchst wertvollen Helfer in unserer Arbeit mit Sarthia haben, denn ich habe entdeckt, dass zwischen ihnen die göttliche Beziehung von Bruder und Schwester besteht. Sie sind damit gesegnet, Emanationen desselben göttlichen Zustands und Kinder derselben geistigen Eltern zu sein. Ich habe gestern Abend mit Hermo von Sarthia gesprochen und dabei *den Wunsch geäußert*, dass meine neue Entdeckung seiner Seele mitgeteilt werden möge, was, wie ich sehen konnte, teilweise geschehen ist.

"Wir werden sie oft in die Gesellschaft des anderen lassen, und die heilige Liebe von Bruder zu Schwester und Schwester zu Bruder, die nur im äußeren Herzen entfacht werden kann, wenn diese geistige Beziehung besteht.

"Dies wird bald von jedem von ihnen erkannt werden, und dies allein wird ein höchst wirksamer Einfluss sein, um die Seele von Sarthia zu nähren und zu lehren. Nichts liegt auf Sarthias Weg, das für viele Jahre ernsthaftes Unheil verheißt. Deshalb, meine gute Priesterin, fasse neue Hoffnung und werbe Alter, und nicht viele Monde werden wachsen und vergehen, bevor ein innerer Stolz für deine neue Vestalin geboren wird."

Die Priesterin zog sich zurück, nachdem sie ihm herzlich gedankt hatte, und konnte ihre Gefühle der Freude und des Entzückens kaum verbergen, bis sie in ihren eigenen Gemächern in Sicherheit war, wo sie ihren Tränen und Schreien der Freude und Dankbarkeit freien Lauf lassen konnte.

Sobald alle Spuren der Wirkungen, die diese Erkenntnis hervorgerufen hatte, getilgt waren und sie sich vollkommen beruhigt hatte, suchte sie Sarthias Gemach auf. Das junge Mädchen lag auf ei-

41

ner Couch, die ans Fenster gezogen worden war, und war offenbar sehr in das Studium des Himmels vertieft. Kaum hatte sie die Anwesenheit der Priesterin bemerkt, kniete diese neben ihr nieder und sagte: "Welche Gedanken werden im Geist meiner Sarthia geboren, während sie den mächtigen Himmel mit seinen Millionen von stummen Monitoren betrachtet, die darauf warten, dass wir sie lesen und verstehen? Sprechen sie zu meinem geliebten Kind? Hörst du ihre leisen Stimmen und spürst du ihren subtilen und mächtigen Einfluss auf dich?"

Das junge Mädchen antwortete nicht sofort. Der Körper war noch sehr schwach und kraftlos, der Geist war wie einer, der gerade aus einem langen Schlummer erwacht.

"Meine geliebte Priesterin, hast du zu mir von den Sternen gesprochen, diesen liebevollen Lichtern am Himmel? Sie scheinen zu sprechen, aber ich kann sie nicht verstehen und weiß nicht, was sie sagen. Weißt du es, liebe Mutter, und kannst du es mir sagen?"

Dieser erste Strahl des erwachenden Gedächtnisses war für die Priesterin strahlender, als es tausend Sterne hätten sein können, wenn sie sich zu einem einzigen hätten vereinen können. Aber ihre äußere Haltung war Gelassenheit. Selten durfte eine ungewöhnliche Gefühlsregung nach außen dringen, weder in ihrem Verhalten noch in ihrer Sprache. Sie hatte eine so vollkommene Selbstbeherrschung erlangt, dass weder Freude noch Kummer, weder Gutes noch Böses, weder Lob noch Tadel die vollkommene Ausgeglichenheit und Ruhe ihrer entwickelten Seele aus dem Gleichgewicht bringen konnten.

"Meine Sarthia", antwortete die Priesterin, "ich kann nicht wissen, was sie zu *dir* sagen, aber sie sprechen zu mir. Sie sagen mir, dass das Leben unsterblich ist, dass das Wachstum und der Fortschritt der Seele ewig sind, dass wir ihre Sprache kennen und lesen können, während wir in diesen Körpern sind, wenn wir es versuchen; dann, wenn wir uns ihnen immer mehr nähern, wenn unsere Seelen wachsen und mit ihren Lehren vertraut werden, können wir sie genauso gut, wenn nicht sogar besser kennen, als unsere Astrologenpriester es tun, auch so gut, wie es dein Bruder Hermo zu tun lernt."

"Mein Bruder Hermo", und für einen Moment war ein intelligentes Leuchten in den Augen zu erkennen.

Die Priesterin sprach nicht zu ihrem Verstand, sondern zu ihrer Seele und war gleichzeitig bereit, dort eine Antwort zu finden. Die bloßen Worte nützten ihr nichts, nur insofern, als sie die Sehnsüchte und Wünsche des inneren Selbst ausdrückten.

Als Sarthia nichts mehr sagte, erhob sich die Priesterin, ging leise im Raum umher, gab den Anwesenden ein paar Hinweise und Ermahnungen und zog sich dann zurück.

Diese Nacht verbrachte die Priesterin in ihrer privaten Kammer, nicht um zu schlafen oder zu ruhen, sondern um aktiv und ernsthaft für ihre neugeborenen Kinder Nu-nah, Sarthia und Rathunor zu beten.

KAPITEL VIII. PRINZESSIN NU-NAH.

Am Morgen nach dem Besuch der Priesterin in Sarthias Gemächern schickte sie einen Boten, um sich nach dem Wohlergehen der Prinzessin Nu-nah zu erkundigen.

Es wurde berichtet, dass sie gut geschlafen hatte und viel stärker zu sein schien, aber während ihrer fast tödlichen Krankheit hatte sich eine merkwürdige Veränderung vollzogen. Sie sprach seltsam, zuweilen fast unheimlich, was bei ihren unmittelbaren Freunden und Verwandten große Besorgnis hervorrief.

Die Fürstin war allgemein beliebt und wurde von denjenigen bewundert, die den gleichen Stand wie sie selbst hatten; aber von denjenigen, die ihren Befehlen und ihrer Herrschaft unterworfen waren, wurde sie als kalt, streng und herzlos angesehen, gütig in ihrer Art, wenn man ihr gehorchte, aber der geringste Ungehorsam führte zu verächtlichen Vorwürfen und oft zu Strafen.

Die Priesterin, die die Quelle der seltsamen Veränderung kannte, von der die Rede war, spürte, dass alles in Ordnung war. Es bedurfte keiner weiteren Aufmerksamkeit als der Anwesenheit von Rathunor. Die entwickelte Seele der Vestalin Sarthia würde bald die Kontrolle über das Gehirn erlangen, durch das sie nun versuchte, sich auszudrücken.

Auch die Organe des Gehirns, die Sarthias Seele auf natürliche Weise zum Schwingen bringen würde, waren nie aktiv geworden oder entwickelt; sie befanden sich sozusagen im Dornröschenschlaf und warteten auf die pulsierenden Schwingungen des geistigen Zustroms, um ihnen Leben und Nutzen zu verleihen. Diejenigen, die im Gehirn durch das Leben der Fürstin so voll entwickelt worden waren, fanden keine entsprechenden Schwingungen der Seele.

Wahrlich, eine seltsame Vermischung der beiden gegensätzlichen Kräfte, und eine, bei der es Zeit brauchte, um eine perfekte Anpassung zu erreichen.

Der Hohepriester hatte befohlen, alle Besucher auszuschließen, mit Ausnahme von Rathunor, der jederzeit Zutritt haben sollte, und da das Wort des Hierophanten für sie das Wort Gottes war, wurde es aus rein religiöser Sicht streng befolgt. Die Priesterin und die anderen Mitglieder des Tempels kannten zwar das Geheimnis der strengen Anordnungen des Priesters, aber sie wussten auch, dass keiner von Sarthias Gefährten es wagte, sich zu nähern, da ihre Anwesenheit die schlummernde Seele zu plötzlich zum Bewusstsein erwecken würde, bevor das Gehirn noch vollständig auf den neuen belebenden Lebensfunken reagiert und vibriert hatte.

Rathunor beobachtete vor allem die Veränderung der Prinzessin; bei der geringsten Berührung gab es eine Reaktion in ihrem Inneren - seine bloße Anwesenheit löste die Akkorde der Sympathie aus, die zwischen ihnen bestanden. Dies war für ihn eine sehr unerklärliche Veränderung. In seinem ganzen Leben, das er mit Nu-nah verbracht hatte, hatte er diese Gefühle, die jetzt aus seiner Seele zu kommen schienen, noch nie erlebt. Er war sehr geneigt, dies auf ein abnormales Mitgefühl zurückzuführen, das durch ihre Krankheit und ihr schreckliches Leiden hervorgerufen wurde. Doch die Worte des Hohepriesters quälten ihn, und die Gefühle, die in der Nacht der feierlichen Riten im Tempel in ihm entstanden waren, ließen sich durch kein noch so gutes Argument aus der Welt schaffen; dennoch wollte er nicht zulassen, dass solche Gedanken von der geringsten Hoffnung genährt wurden, geschweige denn, dass sie vom Geist des Glaubens bewässert wurden und wachsen durften. Obwohl Rathunor bei äußerem Schmerz tapfer und bei ritterlichen Taten kühn war, war er ein Kleinkind, wenn er enttäuscht wurde. Hier fand der Kampf des Selbst statt.

"Habe ich die Kraft und den Mut, die Enttäuschung zu ertragen, die aus einer trügerischen Hoffnung erwächst? Noch nicht." So litt er und hörte nicht auf die Einflüsterungen aus seinem Inneren, bis er es nicht mehr aushielt und die Gegenwart des Hierophanten um Rat und Erleuchtung suchte. Kaum in der Lage, seine Ungeduld im Zaum zu halten, brach er hervor, ohne die Anerkennung, die der überlegenen Gegenwart eines Hohen Priesters gebührt.

"O heiligster und verehrter Vater, sage mir, ob ich Unrecht habe, wenn ich nicht auf auf die Bitten höre, die mein Innerstes quälen? Darf ich hoffen, dass die Liebe, die in meiner Seele wächst, von Nu-nah bei ihrer Rückkehr zur körperlichen Gesundheit sicher erkannt und erwidert wird? Ist diese Liebe eine eitle Täuschung meinerseits, eine aus Sympathien geborene Phantasie, die verschwinden wird, sobald die Gesundheit wiederhergestellt ist und wir uns wieder in den Strudel der sozialen Welt begeben? Wenn es in deiner Macht steht, o Vater, so sage mir die Wahrheit. Wiederhole deine beruhigenden Worte noch einmal, und ich werde mich in Zukunft von ihnen leiten lassen und nie wieder den Schatten eines Zweifels über die Schwelle meines Geistes kommen lassen."

"Mein Kind", sagte der Hohepriester, "noch einmal versichere ich dir die liebevolle Antwort von Nu-nahs Seele und Geist, sobald sie wieder sie selbst ist. Aber merke dir gut, dass du bei der Rückkehr des Bewusstseins, , mit deinen Worten und Taten nichts überstürzen darfst; bedenke, dass sie wie ein neugeborenes Kind ins Leben zurückkehrt - schwach, zart und leicht zu beeindrucken von einem stärkeren Geist und Willen als dem eigenen. Du bist im Augenblick der Stärkere, und alle Geduld und Nachsicht wird von dir verlangt. Lasst ihre Phantasien und Vorstellungen eine Zeit lang spielen, wie sie wollen; Ihr müsst ruhig, liebevoll, mitfühlend und unerschütterlich in der Hoffnung und im Glauben sein, dass schließlich alles gut werden wird; und ich versichere Euch, dass nicht viele Jahre vergehen werden, bevor Ihr den Weg und das Leben betreten werdet, nach dem sich Eure Seele jetzt sehnt. Prinzessin Nu-nah wird dich mehr als entschädigen für all die freundlichen Aufmerksamkeiten, die du ihr jetzt schenkst, indem sie deine Seele auf den Pfaden zu spirituellem Wissen und spirituellem Leben führt und lehrt, während sie noch die physische Form bewohnt.

"Der Hunger deiner Seele wird durch ihren dienenden Geist mehr als gestillt werden. Das innere Bewusstsein wird euch beiden allmählich dämmern, aber zuerst Nu-nah." Dann nahm er Rathunor bei der Hand und fuhr fort: "Zweifle nicht mehr, mein Kind, habe Vertrauen in die unendliche Weisheit, die die kämpfende Seele durch die verschlungenen Wege der Evolution bis zum endgültigen Bewusstsein des unsterblichen Lebens führt und leitet. Gott sei mit dir und segne dich."

Rathunor hatte keine Worte, um seine Dankbarkeit auszudrücken. Aber sie wären für den Hierophanten nutzlos gewesen, denn das neugeborene Licht, das, wenn auch schwach, aufleuchtete, war für den Priester mehr als eine Welt voller Worte.

Er schaute nur, verbeugte sich und verließ mit einem inbrünstigen Händedruck die Gegenwart des heiligen Priesters . Als er seine Schritte in Richtung des Hauses der Prinzessin Nu-nah zurückverfolgte, durchdrang eine heilige Ruhe sein ganzes Wesen; seine Zweifel flohen wie ein Feind; seine Aufregung verwandelte sich in ruhigen Ernst; ein erhabener Sinn für die Realitäten des Lebens erfüllte sein Gehirn, und eine Bereitschaft, den Fortschritt und die Entwicklung abzuwarten, die die Zeit hervorbringen und reifen lassen würde, besaß ihn, bis er so verändert war, dass er sich selbst kaum wiedererkannte.

War diese Veränderung gewollt?

KAPITEL IX. DIE EINWEIHUNG.

Tagelanges, müdes Wachen und mühsame Sorge, dass die neugeborene Vestalin in ihren erwachenden Gedanken nicht irregeführt würde, waren notwendig. Der Körper brauchte nur wenig Pflege, abgesehen von der angemessenen Ernährung und der Aufmerksamkeit, die ein gesunder Mensch braucht. Sarthias physischer Organismus war nicht durch Krankheit und Leiden erschöpft, und die begonnene Desorganisation wurde durch das magische Mittel, das über ihn gelegt worden war, aufgehalten, noch bevor Sarthia ihn ganz verlassen hatte.

Die Lethargie war eher geistig als körperlich. Es war das Halbbewusstsein, das dem Schlaf vorausgeht oder das man manchmal erlebt, wenn man plötzlich aus einem tiefen, tiefen Schlummer erwacht.

Die Priesterin besuchte sie mehrmals am Tag, wenn sie Zeit hatte, sich von ihren Pflichten im Tempel freizumachen. Im Laufe einiger Tage konnte Sarthia bei kurzen Spaziergängen durch die Hallen und Gänge unterstützt werden, achtete aber wenig auf die Dinge um sie herum. Von Tag zu Tag wurde der Körper kräftiger, und ein neues Licht begann in den Augen zu dämmern und auf dem Antlitz des schönen jungen Mädchens zu leuchten.

In der Zwischenzeit war Hermo vom Priester des Astrologen über die wahre Beziehung zwischen ihm und Sarthia unterrichtet worden. Seine Freude kannte keine Grenzen, denn weder sein Herz noch seine Seele waren jemals von der Liebe einer Mutter, einer Schwester oder einer Verwandten erfüllt gewesen. Es war sein Pech gewesen, seiner Eltern beraubt worden zu sein, bevor sein junger Verstand und sein Herz von den zarten Gefühlen der Liebe bewegt werden konnten, aber jetzt bedurfte es nicht mehr als der Offenbarungen des Priesters, um das Etwas, von dem er nicht wusste, was es war, das sein ganzes Leben lang in seinem Schoß geschwelt hatte, in lodernden Flammen zu entfachen.

Jetzt waren die Worte des Astrologen klar, und die Ursache für die seltsamen Gedanken, die in seinem Kopf herumschwirrten, wurde offenbar. Immer wieder fragte er sich: "Kann ich warten, um meine geliebte Schwester zu sehen?"

Seine Ungeduld wuchs mit seiner Freude, und die Tage, die zuvor wie Augenblicke verstrichen waren, erschienen nun wie Ewigkeiten. Eines Morgens kündigte zur Überraschung der Priesterin ein Bote an, dass Hermo eine Unterredung mit ihr im unteren Wartesaal wünsche. Die Priesterin stieg hinunter ( ), wo Hermo wartete, und ergriff mit einem fragenden Blick seine Hand in fester, aber besorgter Weise und fragte: "Ist mit unserem jungen Astrologen Hermo heute Morgen alles in Ordnung? Bringt er Nachrichten von unserem verehrten Vater? Haben die Sterne ein neues Zeugnis gegeben, das Unheil für unser Sarthia verheißt?"

Hermo stand in stummem Erstaunen. "Wie konnte die Priesterin in seiner Gegenwart solche Vorahnungen bekommen, wo doch sein ganzes Wesen vor unbändigem Glück pulsierte", dachte er.

"Nein, meine liebe Priesterin, ganz im Gegenteil. Hat dich unser würdiger Vater nicht mit meiner neu gefundenen Freude, meiner Liebe, meiner Schwester vertraut gemacht? Kennst du nicht die göttliche Beziehung, die zwischen Sarthia und mir besteht? Die Stunden sind mir wie Tage vorgekommen, seit mir dieses Wissen offenbart wurde, und ich bitte nun darum, meine neue Schwester zu sehen und mit ihr und Ihnen auf dem Rasen im privaten Bereich des Tempels spazieren zu gehen. Kann meine Bitte erfüllt werden, o Priesterin?"

Sie hielt immer noch seine Hand und drückte sie erneut warm zwischen die ihre und sagte: "Unser tapferer und edler Hermo verdient diesen Segen als Belohnung für seine ehrliche Arbeit allein in seinem Kampf für Wahrheit und Wissen. Ja, mein lieber Hermo, ich wurde auf die Beziehung zwischen dir und unserer neuen Sarthia aufmerksam gemacht und habe den Moment herbeigesehnt, in dem du Sarthia auf ihren täglichen Spaziergängen über das Gelände begleiten sollst, aber ich warne dich, mit deinen Worten vorsichtig zu sein. Denkt daran, dass sie noch ein Säugling ist und wie ein Kind unterrichtet werden muss. Bleib hier und ich werde gehen und Sarthia dorthin bringen und wir werden zusammen spazieren gehen."

Es dauerte nicht lange, bis die Priesterin, Sarthia und ihr Diener erschienen. Die Priesterin führte Sarthia, und als sie sich näherten, legte Hermo ihre Hand in die seine und sagte: "Sarthia, ich gebe dich in die Obhut und den Schutz deines Bruders Hermo."

"Hermo! Hermo!!! Mein Bruder Hermo?", sagte Sarthia.

Die durchdringenden Augen der Priesterin und Hermo sahen für einen Moment das Licht des Bewusstseins, und die hellsichtige Vision der Priesterin sah eine verblüffende Szene. Die Schwingungen von Seele zu Seele, die Liebe, die in Hermos Herz und Seele entfacht worden war, ging mit einer solchen Intensität aus, dass sie die schlummernde Seele von Sarthia zu einer lebhaften Aktivität erweckte, und das Gehirn, das bereits so fein auf die höheren Schwingungen des Geistes abgestimmt war, reagierte sofort.

Die frische Luft, das grüne Gras, die schönen Blumen und Sträucher und die inspirierende Anwesenheit von Hermo wirkten wie ein Zauber, der den Pulsschlag von Körper und Geist beschleunigte und ihre Wangen und Augen in ein gesundes und lebendiges Licht tauchte. Nicht viel von dem Gespräch richtete sich an Sarthia, aber als von den Sternen die Rede war, fragte sie sofort: "Bruder Hermo, sprechen die Sterne zu dir, und weißt du, was sie sagen? Unsere schöne Priesterin hier kann sie lesen, und wie gerne würde ich auch mit ihnen sprechen."

"Das werde ich dir eines Tages beibringen, meine Schwester, sobald du in der Lage bist, dein Studium zu beginnen."

"Wird das bald sein?"

"Ja, in kurzer Zeit; sobald du ein Diener im Tempel der Isis wirst."

Sarthia schwieg, und die Priesterin erinnerte sie daran, dass es Zeit war, zurückzukehren - Sarthia in ihr Zimmer und Hermo in seine Studien, während die Anwesenheit der Priesterin im Tempel erforderlich war.

Diese Spaziergänge wurden täglich fortgesetzt, mit höchst zufriedenstellenden Ergebnissen für die Priesterin und den Hierophanten. Alle Befürchtungen, dass die neue Seele mit dem Körper von Sarthia vollkommen harmonieren könnte, wurden zerstreut. Der belebende Lebensfunke wurde stärker, und die Schwingungen von der Seele zum Körper waren vollständig; nicht mit Bewusstsein, sondern mit jenem unwillkürlichen Schwingungsaustausch, der bei der Mehrheit der Menschen, die die menschliche Familie der Erde bilden, besteht. Da nur der höhere Teil des Gehirns von Sarthia aktiv gewesen war, musste sich die Seele notwendigerweise durch diese Organe manifestieren. Oft waren die viel geliebte Priesterin, Hermo und Sarthias Diener über ihre Äußerungen und tiefgründigen Fragen zu spirituellen Themen überrascht.

Der Zeitpunkt, an dem Sarthia ihre Einweihung als Vestalin im Tempel der Isis vornehmen sollte, rückte näher. Tatsächlich war es nur noch ein Tag, bis die Zeremonie stattfinden sollte. Da die Vorkommnisse im Zusammenhang mit der Versetzung allen Tempeldienern bekannt waren, sahen sie ihr mit stiller Freude und Dankbarkeit entgegen, dass sie nicht ihrer schönen Vestalin beraubt worden waren, die von ihnen allen stets in heiliger Hochachtung gehalten wurde.

Alle waren benachrichtigt worden, um sich auf den Initiationsgottesdienst vorzubereiten - Musik, Gesänge, und Zeremonien, die diesem Anlass heilig waren, mussten bereit sein. Die Nacht war gekommen; die schöne Göttin der Nacht erstrahlte in ihrem ganzen Glanz und schien sich bewusst zu sein, dass sie den magnetischen Einfluss ausstrahlte, der für die heiligen Riten, die nun durchgeführt werden sollten, notwendig war. Der Zenit war fast erreicht, als sich der feierliche Zug der Priesterinnen, Vestalinnen und Dienerinnen in Bewegung setzte, die Sarthia in das heilige Heiligtum des Tempels geleiten sollten. Die Priesterin schritt neben Sarthia her. Sarthia war in reines, makelloses Leinen gekleidet, ihr Kopf war kahl bis auf einen Kranz aus Lorbeerblättern, der leicht auf ihrem wallenden Haar ruhte. In ihren Händen trug sie einen weiß gebundenen Band, der die Lieder, Gesänge, Litaneien und Regeln für die Vestalinnen des Tempels enthielt.

Als sie die Tür erreichten, erhob sich der Hohepriester, und gleichzeitig brach die Musik in freudige Töne aus, die Sarthia willkommen hießen und ihr Mut und Liebe einflößten. Als sie den Fuß des Altars erreichten, wo der Hierophant stand, kniete Sarthia auf einem Samtkissen zu seinen Füßen. Die Musik verstummte, während der Hohepriester mit erhobenen Händen im stillen Gebet stand. Auf ein Signal hin begann der Chor die Litanei zu singen. Sarthia wurde aufgefordert, sich zu erheben, als der Priester sie in gemessenem und feierlichem Ton ansprach:

"Bist du gekommen, um dich dem Tempeldienst zu verpflichten? Ist es dein Wunsch, eine Vestalin der Isis zu werden? Willst du das Gelübde des Zölibats für die jungfräulichen Riten des Tempels ablegen; willst du deine Zeit, deine Energie und deine Absicht den Pflichten widmen, die einer Vestalin obliegen?"

Die tiefe, klare Stimme von Sarthia war im ganzen Heiligtum zu hören, als sie sich verbeugte und zustimmend antwortete.

"So sei es, meine heilige Jungfrau. Ich übergebe nun deine Seele den Schutzengeln dieses heiligen Heiligtums, damit sie deine aufkeimende Seele führen, behüten und beschützen, damit sie sich vollkommen mit ihrem göttlichen Zentrum vereinigt, damit du das unsterbliche Leben erbst, solange du noch bei uns bist. Amen!"

Sarthia schlug das Buch in ihren Händen auf, küsste die Seiten, auf denen sie bereits unterschrieben hatte, und reichte es dem Hohepriester. Er nahm es und hielt es in seiner Linken, während er seine rechte Hand auf ihr Haupt legte und sagte:

"Ich heiße dich willkommen, meine Vestalin Sarthia, und empfehle deine Seele den Göttern im Himmel, die immer über die Kinder der Erde wachen. Gott segne dich. Amen! Amen!"

Dann wurden die Gesänge lauter, als ob sie die Worte des Hierophanten wiederholten, und die Musik erklang in immer größeren Tönen, als ob sie sich mit den unsichtbaren Heerscharen oben im Lobpreis des höchsten Gottes verbinden wollten.

Die Zeremonie war beendet und Sarthia wurde in ihre Kammer zurückgeführt, eine Vestalin des Isis-Tempels. Die okkulten Kräfte, die für Sarthia beschworen worden waren, zeigten sich bald in ihrem täglichen Leben. Der Eifer und die Begeisterung, mit denen sie ihre Studien verfolgte, und das Verständnis ihrer inneren Bedeutungen waren Beweis genug für den inspirierenden Einfluss ihres Lehrers. Schon bald wurde sie von ihrem Bruder Hermo in astronomischen und astrologischen Kenntnissen unterrichtet, und auch hier zeigte sie eine Lernfähigkeit, die Hermo überraschte und die Astrologenpriester erfreute. Im Tempel Serv ice war sie voller Hingabe und als Dienerin stets treu und loyal. Der Bruder und die Schwester hingen hingebungsvoll aneinander, und die Priesterin beobachtete oft diese Anhänglichkeit, die ihr einen Stich ins Herz versetzte, weil sie befürchtete, dass Hermo für den Rest seines Lebens keine solche Freude und kein solches Glück vergönnt sein würde. Dann sprach sie augenblicklich ein stilles Gebet, dass ihnen solch höchstes Glück in der Ewigkeit beschieden sein möge.

KAPITEL X. DIE HOCHZEIT DER PRINZESSIN.

Die Prinzessin erholte sich nur sehr langsam, da ihr Körper während ihrer jüngsten Krankheit sehr geschwächt war. Ihre königlichen Freunde schenkten ihr viel Sorgfalt und Aufmerksamkeit. Der ganze Luxus, den Reichtum allein verschaffen konnte, und die wohlwollenden Einflüsse liebevoller Gefährten wurden eingesetzt, um die Wiederherstellung der Prinzessin zu ihrer früheren Gesundheit und ihrem Geist zu beschleunigen. Die Gesundheit gewann langsam, aber sicher die Oberhand, aber der Geist und das Herz waren nicht mehr von der beschwingten, äußerlichen Art, die sie früher gezeigt hatte.

Als sie wieder gesund war, wurden an sie soziale Anforderungen gestellt ( ). Sie genoss die Vergnügungen, aber jede ihrer Bewegungen war von einer Ernsthaftigkeit begleitet, die ihre Freunde sehr verärgerte. Die Dienerschaft und die Bediensteten wunderten sich über ihr freundliches und rücksichtsvolles Interesse an ihnen - während viele dachten, es läge an ihrer schwachen körperlichen Verfassung, bemerkten andere, wie sehr die Krankheit der Prinzessin sie verbessert hatte. Diejenigen, die sie zuvor gefürchtet hatten, begannen nun, sie zu lieben und zu versuchen, ihr zu gefallen und zu dienen.

Rathunor besuchte sie täglich, und da er sich an die Ratschläge und Anweisungen des Hierophanten erinnerte, verhielt er sich ihr gegenüber ruhig, still und geduldig und kümmerte sich offenbar nicht um ihre Launen und seltsamen Gespräche. Sie plante ständig Vergnügungen und gesellschaftliche Unterhaltungen im großen Stil, aber mit einer solchen Ernsthaftigkeit, dass es Rathunor manchmal ziemlich ärgerte und ihn zu der Frage veranlasste, ob dies wirklich seine ehemalige Nu-nah war.

Während das Ärgernis rein äußerlich war, gab es eine innere Anziehungskraft, die ihn unwiderstehlich an ihre Seite fesselte. Sein Glück war jetzt am größten, wenn sie schweigend saßen, ritten oder spazieren gingen. Er ahnte nicht, dass sich in dieser Stille, die ihn so verzückte, die Seele Nu-nahs mit der seinen vermischte und die elektrische Lebensessenz in die ihre zog. Es fand ein Austausch statt, bei dem es keinen Raub gab, sondern eine Vermischung der magnetischen und elektrischen Lebenskräfte, die die harmonischen Schwingungen eines vollständigen Ganzen in Gang setzten, und die Reaktion auf das Gehirn und den physischen Organismus war Gesundheit, Zufriedenheit und Glück, das sich über alle äußeren Sorgen, Kummer und Zwistigkeiten erhebt.

Obwohl die Seele der nun bekannten Fürstin hoch entwickelt war, konnte sie nur wenig Resonanz in den schlafenden geistigen Organen des Gehirns finden. Diese musste sie zu Empfindsamkeit und Aktion erwecken. Dies war der Grund für die eigentümlichen Ideen, die in ihren Gesprächen zum Ausdruck kamen und die ihre Freunde so verblüfften. Schon bald strömten Besucher mit Glückwünschen, Geschenken und Einladungen zu ihr, um sie wieder in die vergoldeten Salons der Mode und in den Reigen der Vergnügungen einzuladen, die das tägliche Leben einer beliebten Prinzessin ausmachen. Auf alle antwortete sie bescheiden und ruhig, ohne die Aufmerksamkeiten anzunehmen oder abzulehnen, was sie manchmal an ihrem Verstand zweifeln ließ.

Inmitten eines großen Ereignisses wurde sie plötzlich vermisst, und wenn man sie suchte, fand man sie versteckt in einer angenehmen Ecke oder sogar im Freien oder an einem offenen Fenster, wo sie in Meditation versunken war oder in den Himmel starrte. Wenn ihre Aufmerksamkeit erregt wurde, schreckte sie auf und ließ sich mit einem seltsamen, weit entfernten Blick in den Augen, der einem oberflächlichen Beobachter verriet, dass sie geschlafen hatte, zurückführen, um an den Feierlichkeiten der Stunde teilzunehmen.

So sehr sie sich auch bemühten, sie konnten sie nicht für die Aufregung und Fröhlichkeit, die sie umgab, begeistern. Aber wenn jemand ernst wurde und Gedanken äußerte, die an das Innere appellierten, war sie ganz aufmerksam, und die Fragen, die so bereitwillig gestellt wurden, wenn sich eine solche Gelegenheit bot ( ), zeigten deutlich, dass, obwohl körperlich anwesend, die Seele und die Interessen in anderen Reichen und Sphären als dieser lagen.

Niemand außer Rathunor konnte ihre Aufmerksamkeit für längere Zeit aufrechterhalten. Bei ihm war sie lebhaft, bezaubernd schön und fröhlich und ließ sich mit einer gewissen Begeisterung auf die Annehmlichkeiten der Stunde ein, die ihrem Gesicht den bezaubernden Reiz der natürlichen Schönheit verliehen. Hinter diesen Augenhöhlen schien ein Licht zu leuchten, das strahlender war als die prächtig glänzenden Beleuchtungen der Salons. Ihr schönes Gesicht, ihre perfekte Form und Haltung machten sie zum Anziehungspunkt und sie war sehr begehrt. Doch sobald sie dazu gebracht wurde, Rathunors Seite zu verlassen, verblasste das, was ihre Präsenz zuvor so unwiderstehlich attraktiv und strahlend gemacht hatte.

So verging die Zeit, und als die Gesundheit zurückkehrte, drängte Prinz Rathunor auf seinen Antrag. Es gab nun keinen offensichtlichen Grund mehr, warum er seine versprochene Braut nicht einfordern und die Prinzessin Nu-nah zu seiner eigenen machen konnte. Seine ernsthafteren Freunde mahnten ihn, die weitere Entwicklung abzuwarten, und erinnerten ihn unterschwellig an das eigentümliche und manchmal unnatürliche Verhalten der Prinzessin. Sie waren sich sicher, dass ihre einst schöne Prinzessin mit der Zeit wieder sie selbst sein würde. Rathunor hörte zu und wusste, dass ihr freundliches Interesse guten Motiven entsprang, aber er schwieg - er konnte nicht sprechen, denn niemand würde ihn verstehen. Die Sehnsüchte seines Herzens und seiner Seele ließen sich nicht durch irgendwelche Äußerlichkeiten stillen.

Während Nu-nah für die Welt eine Quelle mystischer Wunder war, war sie für Rathunor sein Aufenthalt und sein Trost. Er brauchte keine weiteren Beweise und Zusicherungen für Nu-nahs Liebe zu ihm. Zu oft hatte er die Antwort von innen auf ihr stilles Flehen nach Licht, Wahrheit und Weisheit erfahren. Die Anziehungskraft der äußeren Welt verlor ihre Faszination für ihn, die Sehnsüchte in seinem Inneren wurden stärker und drängten mehr und mehr nach außen, bis er eines Tages der Prinzessin Nu-nah das Thema Astrologie vortrug. Für einen Augenblick wurde ihr ganzes Wesen von jenem geheimnisvollen Licht erhellt - für einen einzigen Augenblick erhob sich die Seele zur Vorherrschaft über das Gehirn und fand einen schwachen, schimmernden Ausdruck, der für Rathunors stets wachsames Auge sichtbar war.

"Die Astrologie, mein Rathunor, fasziniert mich mit ihrem Namen und den Wundern und Geheimnissen, die sie angeblich offenbart. Glaubst du, dass die Astrologenpriester des Tempels wissen, wovon sie sprechen, und dass sie die Sterne lesen und ihnen die Weisheit abgewinnen können, von der man sagt, dass sie sie besitzen?"

Dies war die erste Gelegenheit, Nu-nah diese heiligen Themen vor Augen zu führen. Er versuchte nachzudenken, und da er spürte, dass die gegenwärtige Erregung der höheren Organe des Gehirns nur vorübergehender Natur war, wusste er nicht, was er sagen sollte, das am wirksamsten wäre und sich unauslöschlich in ihr erwachendes Gehirn einprägen würde.

"Ja, meine liebe Nu-Nah, ich glaube, dass sie das Wissen besitzen, das sie behaupten, und ich bin auch davon überzeugt, dass ein großer Teil dieser Weisheit und dieses Wissens durch ihr Verständnis der Gesetze der Astrologie gewonnen wird. Diese Himmelskörper in unserem Himmel wurden von unserem göttlichen Schöpfer nicht ohne Grund dort platziert. Ich glaube, dass sie einen Einfluss auf uns haben, der von denen erlernt, definiert und genutzt werden kann, die diesen Einfluss durch Astronomie und

Astrologie studieren und kennen. Nu-nah, was ist es, das die innere Sehnsucht nach Wissen erzeugt? Ist es nicht so, dass es etwas zu wissen gibt - etwas, das unser gewöhnlicher Verstand nicht erfassen und analysieren kann? Glaubt ihr nicht, dass der stille, aber hartnäckige Monitor, der irgendwo in unserem Inneren verborgen liegt, von einer anderen Quelle als unserem äußeren Selbst zum Handeln angeregt wird, und dass die Sehnsucht, hinauszugehen, durch etwas außerhalb erklärt werden muss, das uns ruft und anzieht? Könnten dies nicht die Sterne sein, die wir beim Blick in den Mitternachtshimmel funkeln und sich zu uns bewegen?"

Er hielt inne und fragte sich, welche Wirkung seine Worte haben würden, als zu seinem Erstaunen ein lebendigeres Bewusstsein in ihren Augen und Zügen auftauchte, als er es je seit ihrer Rückkehr zur körperlichen Gesundheit gesehen hatte, und er schöpfte aus dieser Erscheinung neue Hoffnung und fuhr fort: "Liebst du die soziale Welt mehr? Gibt es nicht auch in deinem Schoß die Sehnsucht nach etwas Wahrhaftigerem, Veredelnderem als dem Zeitvertreib der weltlichen Vergnügungen?"

Bei der Erwähnung der weltlichen Dinge erlosch das Licht in ihren Augen und war verschwunden. Rathunor sagte nichts mehr, sondern dankte Gott im Stillen, dass er in diesen wenigen Augenblicken auch Nu-nahs Seele zum Schwingen gebracht und die vitalisierenden Ströme zum geistigen Teil des Gehirns in Gang gesetzt hatte, und betete ernsthaft, dass dies der Anfang vieler Gelegenheiten sein möge, die noch folgen würden.

Da er erkannte, dass nur er die schlummernden Organe ihres geistigen Gehirns erwecken konnte, war er mehr denn je darauf bedacht, sie ständig in seiner Gesellschaft zu haben. Er drängte erneut auf seinen Anzug, und der Tag für die Hochzeit sollte sofort dem Astrologen vorgelegt werden.

Rathunor suchte erneut den Astrologenpriester um Rat. Er wollte wissen, wann die Sterne am günstigsten für ein solch bedeutsames Ereignis stehen würden. Der Astrologe brauchte nicht lange, um dies herauszufinden, und überbrachte Rathunor bald die Nachricht, dass es bald soweit sein würde. Als der Prinz sich erhob, um zu gehen, nahm der Priester seine Hand und sagte: "Mein Kind, indem du die Prinzessin Nu-nah zu deiner Frau nimmst, gehorchst du den heiligen Eingebungen der Seele, und ihr werdet nicht nur in der Seele, sondern auch im Körper und im Geist vereint sein. Ich wünsche dir die ewige Glückseligkeit, die allen zuteil wird, die sich wirklich gepaart haben. Lebe wohl, mein Kind; mein Segen sei mit dir."

Rathunor war zu sehr in andere Dinge vertieft, um die geheimnisvollen Worte des Priesters zu verstehen, aber trotzdem war die Saat wieder aufgegangen, die irgendwann einmal unangekündigt und unerwartet aufgehen sollte.

Bald wurde die Hochzeit angekündigt und die Einladungen wurden weit und breit verschickt. Glückwünsche strömten aus allen Richtungen, obwohl einige sie abgelehnt hätten, wenn sie ihren eigenen Gefühlen treu geblieben wären, denn die bemerkenswerte und unerklärliche Veränderung, die während ihrer schrecklichen Krankheit stattgefunden hatte, war zu offensichtlich, um ganz richtig zu sein, und sollte korrigiert werden, bevor der Prinz die Prinzessin zu seiner Frau machen würde.

Rathunor war zufrieden, denn er vergaß nie die heiligen Worte des Hierophanten, und kein anderer musste befragt werden. In ihrem stillen Herzen wünschten sie, die Hochzeit möge privat sein und die heilige Zeremonie des Tempels vom Hohepriester vollzogen werden. Das konnte natürlich aufgrund ihres Standes und ihrer Stellung im Leben nicht sein, denn das Leben einer Prinzessin und eines Prinzen ist nicht nur ihr eigenes, so dass sie sich vor der Öffentlichkeit verbeugen und ihr Gehorsam erweisen müssen.

Die Vorbereitungen für die Hochzeit begannen sofort, denn es sollte ein großes Fest werden. Es sollte an nichts gespart werden, was dem Anlass Schönheit und Pracht verleihen würde. Extravagante Ausgaben wurden getätigt, bis das Geld nicht mehr zu reichen schien. Die Aussteuer war außerordentlich prächtig, und in der Hochzeitsnacht wurde der strahlende Glanz der Prinzessin weder durch die reichen Seidenstoffe noch durch die seltenen, unbezahlbaren Spitzen und die lieblichen Juwelen getrübt, die mit dem lebendigen Funken des Lebens in ihnen glitzerten und funkelten, der ihre Gestalt schmückte.

Nie war eine Braut so schön, nie war ein Paar so glücklich. Es war dieses stille, subtile Glück, das die ganze Atmosphäre um sie herum durchdringt und seine Spuren in jedem empfänglichen Herzen hinterlässt, das es atmet.

KAPITEL XI. DER RUHESTAND.

Nach der Hochzeit wurden der Prinz und die Prinzessin notgedrungen in den Strudel der gesellschaftlichen Vergnügungen hineingezogen, mit Aufmerksamkeiten in Form von Unterhaltungen, Hofmahlzeiten, Bällen, Empfängen im Salon usw. Die inneren Sehnsüchte mussten in den Hintergrund treten, bis die äußeren bis zur Erschöpfung befriedigt waren. Die Ernsthaftigkeit der Prinzessin wich für eine Weile, und sie waren sehr glücklich in dem Reigen der Vergnügungen, die für sie geplant waren. Doch mit der Zeit wurden sie der Show, des Prunks und der Oberflächlichkeit des äußeren Lebens überdrüssig. Die Saat, die in Rathunors Herz und Gehirn gesät worden war, und die er in Nu-nahs schlummernden, geistigen Organen ihres Gehirns geweckt hatte, hatte Wurzeln geschlagen und begann nun, in Aktivität zu erwachen, zuerst als Überdruss an den oberflächlichen Vergnügungen der Gesellschaft, dann als Wunsch, sich allmählich aus diesem Leben in ein ruhigeres und abgeschiedeneres zurückzuziehen, wo sie auf die inneren Stimmen hören und aus dieser Quelle Vergnügen und Wissen gewinnen konnten.

Der Prinz wartete sehnsüchtig auf eine weitere Gelegenheit, mit Prinzessin Nu-nah über geistige Themen zu sprechen. Der Hierophant hatte ihm zu verstehen gegeben, dass Nu-nah sich eines nicht allzu fernen Tages für geistige Dinge interessieren und seine Lehrerin sein würde. Er war nicht auf die Übertragung aufmerksam gemacht worden - sie sollte ihm von Nu-nah selbst offenbart werden. Er hatte begonnen, sich zu fragen, wie und wo Nu-nahs geistiges uales Erwachen stattfinden würde, als sich ihm eine Gelegenheit auf höchst unerwartete Weise bot.

Eines schönen Abends machten sie einen Spaziergang über das Gelände ihres Schlosses, als der Vollmond in einer Flut von Licht aufging, er stieg höher, voller, bis die ganze Welt in ihre magische Schönheit getaucht schien, und um ihr Licht und ihren magnetischen Einfluss länger genießen zu können, schlug der Prinz einen längeren Spaziergang vor. Unbewusst wählten sie den Weg, der sie zum Tempel führte, der nur eine kurze Strecke von ihrem Haus entfernt war. Als sie sich dem Tempel näherten, erregten entfernte Musikklänge ihre Aufmerksamkeit. Sie lauschten, und sie schien in den klagenden Tönen einer hungrigen Seele zu sprechen; sie beschleunigten ihre Schritte, bis sie den privaten Bereich des Isis-Tempels erreicht hatten. Nu-nah ging vor Rathunor, da sie von einer unsichtbaren Macht unwiderstehlich angezogen wurde, als sie plötzlich stehen blieb und seinen Arm wie in einem Schraubstock umklammerte und rief: "Mein Rathunor, hörst du diese Musik; was ist es? Ich habe sie schon einmal gehört, aber wo, o wo? Woher kenne ich die Gesänge und die Musik des Tempeldienstes?"

Sie waren wie durch einen Zauber an den Ort gefesselt, als der Prinz durch das Zittern und das allmähliche Nachlassen von Nunahs Hand an seinem Arm gewarnt wurde, den Ort sofort zu verlassen. Der Prinz legte seinen Arm um ihre Taille, um sie zu stützen, während er auf ihre Rückkehr drängte, aber sie stand unbeweglich, scheinbar gefesselt durch die magische Kraft einer unsichtbaren Macht.

Die mystische Kraft des Zaubers wurde immer stärker, bis die Prinzessin gezwungen schien, wütend weiter in den Tempel zu stürmen, wenn der Prinz sie nicht mit festem Griff zurückgehalten und gleichzeitig versucht hätte, ihre Aufmerksamkeit durch seine Worte zu gewinnen. "Komm, meine Liebste, lass uns zurückgehen, und während wir gehen, werde ich dir alles erzählen, was ich über das, was du gehört hast, weiß."

"Oh, mein Rathunor, sprich schnell zu mir, bevor ich Zeit habe, zu vergessen. Ich kann mich nicht lange daran erinnern, und doch ist es wie die Wiederkehr eines lebhaften Traums. Sage mir, während ich wach bin, wo ich gewesen bin. Ich habe gesehen und gefühlt und weiß, dass ich dort war - dort im Heiligen Heiligtum dieses Tempels. O, könnte ich doch wieder dorthin gehen und für immer dort bleiben, um dieser bezaubernden Musik und den feierlichen himmlischen Stimmen dieses Chores zu lauschen."

Ein Zittern durchlief ihren ganzen Körper und mit einem kläglichen Schrei fiel sie ohnmächtig in die Arme Rathunors. Sein angeborener Mut und seine Tapferkeit trugen ihn, und sofort kamen ihm die Worte in den Sinn, die er einmal gehört hatte, als der Hohepriester seine Hände über eine ohnmächtige Gestalt legte. So legte er ihren leblosen Körper sanft auf das Gras und wiederholte in langsamen, aber festen und befehlenden Tönen diese Worte:

"Kehre zurück, oh Seele, zu deinem physischen Körper. Kehre zurück, ich befehle dir, und belebe dieses leblose Gemäuer deiner Seele. Komm, komm, ich befehle dir, komm."

Kaum waren die letzten Worte gesprochen, verkündete eine Bewegung der Hände und Gliedmaßen Rathunor die Rückkehr des Lebens. Bald konnte sie sich erheben, und gestützt vom Fürsten gingen sie langsam zum Schloss zurück. Sie ging wie im Traum, aber da ihr Schritt stattlich und fest war, wurde der Fürst nicht beunruhigt, bis er sie sicher in ihrem Zimmer hatte, als ihm das Ausmaß des Vorfalls dämmerte, und dann rief er eilig ihre Magd und schickte sofort einen Diener, um den Arzt zu holen. Nu-nah war wieder ganz sie selbst, bevor der Arzt kam, und nachdem er ihr ein kleines Linderungsmittel verabreicht hatte, zog er sich mit den Worten zurück: "Die Prinzessin wird bald wieder gesund sein. Es war nur die Folge der Müdigkeit, die durch die ständige Aufregung der gesellschaftlichen Vergnügungen hervorgerufen wurde."

Der Fürst schwieg, und als er sah, dass es der Fürstin so gut ging, zog er sich in seine Gemächer zurück, mit der strikten Anweisung, ihn sofort zu benachrichtigen, wenn sich irgendwelche Symptome des Schwächeanfalls zeigen sollten. In seinem Privatgemach angekommen, warf er sich auf einen Stuhl und vertiefte sich in in ein tiefes Studium. Immer wieder ließ er die Geschehnisse des Abends Revue passieren. "Was war in der Musik, die Nu-nah so verzaubert hat? Was hat sie gesehen und gehört, das eine schwache Erinnerung an etwas aus der Vergangenheit wachgerufen hat? Welche magische Kraft war es, die sie so unwiderstehlich zum Tempel zog? Was verursachte das Zittern, bevor sie unempfindlich in seine Arme fiel?"

Er war halb geneigt, den Priestern die Schuld an allem zu geben, denn er wusste etwas über die Macht der Magie und ihre psychologische Wirkung. Je mehr er nachdachte, desto weiter entfernte er sich von einer Lösung. Nun überlegte er: "Wenn das die schöne Vestalin Sarthia gewesen wäre, könnte ich verstehen, warum sie sich so stark zum Tempel hingezogen fühlte, aber Nu-nah, der das Heiligtum nie betreten hatte, außer für jene heiligen Riten, die allen verabreicht werden, die angeblich an das Land der geistigen Welt grenzen; Nur in diesen beiden Nächten war sie seines Wissens jemals im Heiligen Heiligtum gewesen; es gab etwas in diesen Zeremonien, das er noch nicht verstanden hatte; es musste irgendeine mystische, magische Kraft eingesetzt worden sein, um die gebrechliche, schwache, bewusstlose Nu-nah zu Leben und Gesundheit und zu ihm zurückzubringen."

Er dachte und überlegte, bis sein Hirn brannte, und doch fand er keine Lösung für das Rätsel.

"Nun", rief er schließlich so laut, dass er sich selbst erschreckte, "ich werde es als ein Rätsel akzeptieren müssen und geduldig auf die Erklärung warten, die die Zeit bringen wird."

Er begann, sich auf den Rückzug vorzubereiten, aber konnte sich nicht beruhigen - eine Unruhe ergriff von ihm Besitz, die er nicht unterdrücken konnte; er ging auf dem Boden umher, versuchte zu lesen und wandte viele Mittel an, um seine Ruhe wiederherzustellen, aber alles vergeblich.

"Ich muss meine Nu-Nah noch einmal sehen, bevor ich schlafen kann", und er richtete eilig die Kleidung, die er abgelegt hatte, neu aus und begab sich in das Privatzimmer der Prinzessin. Ein leises Klopfen ließ den Diener an die Tür treten.

"Ist die Prinzessin ruhig und schläft sie?", erkundigte er sich flüsternd.

"Nein", antwortete der Diener. "Sie ist wach und fühlt sich wohl und hat gerade gesagt, dass sie dich rufen lassen würde, wenn sie denken würde, dass du nicht schläfst, weil sie dir etwas zu sagen hat."

Die Prinzessin erfuhr sofort von seiner Anwesenheit und rief ihn mit einem leisen Schrei der Freude an ihre Seite. Auf ein Zeichen hin verließ der Diener den Raum, und die Prinzessin begann: "Mein Rathunor, mein geliebter Gatte, ich bin so froh, dass du gekommen bist. Ich habe Euch etwas zu sagen, was ich vor dem Morgen vielleicht vergessen habe. Heute Nacht, als wir beim Klang der Musik in den Tempel kamen, hatte ich das Gefühl, meinen Körper und dich zu verlassen und von einer unbekannten Macht in das Heiligtum gezogen zu werden. Ich sah den Hohepriester, die schöne Mutterpriesterin, die Vestalinnen, den Chor und die Musiker, die alle ernsthaft mit einer heiligen Zeremonie beschäftigt waren. Die Musik, der himmlische, spirituelle Einfluss der Atmosphäre, der exquisite Duft von Weihrauch und Parfüm und die Reinheit, die von den Vestalinnen widergespiegelt wurde, zogen mich so sehr in ihren Bann, dass ich bei dem Gedanken, jemals die heiligen Grenzen zu verlassen ( ), das Bewusstsein verlor, und als ich erwachte, beugten Sie sich über mich."

Sie sah einen seltsamen Blick in Rathunors Augen, den sie als Eifersucht deutete, und fuhr fort: "Aber das war noch nicht alles, mein Rathunor; du warst auch eine Zeit lang da. Ich habe versucht, dich zu halten, aber ich konnte es nicht - irgendetwas hat dich von *mir* weggezogen, und einen Augenblick lang hatte ich die gleichen Schmerzen, die jetzt dein Herz quälen. Ich dachte, du würdest lieber gehen als bleiben, und ein Gefühl der Eifersucht durchdrang mein Herz, aber die seltsame Faszination des Ortes war mir in diesem Augenblick wichtiger als du, mein Rathunor, und so sehnte ich mich danach zu bleiben, konnte es aber nicht. Ich habe versucht, darüber nachzudenken, was das alles bedeutet. Du musst mir helfen, denn ich spüre schon, wie die Erinnerung an das Ereignis vergeht."

Sie hörte auf zu sprechen und schlief in wenigen Augenblicken fest ein. Der Prinz küsste die Hand, die er hielt, legte sie sanft neben sie und verließ leise das Zimmer, wohl wissend, dass das Geheimnis teilweise gelüftet worden war und die Prinzessin nun für den Rest der Nacht schlafen würde. Nachdem er in seine Gemächer zurückgekehrt war, warf er sich erneut in einen Sessel, entschlossen, ernsthaft nachzudenken und in dieser Nacht einige unmittelbare Schritte zu unternehmen, um seine Nu-nah aus der Aufregung zu befreien, der sie so lange ausgesetzt gewesen war, damit sich das traurige Ereignis nicht wiederholte. Noch bevor eine weitere Sonne aufging, hatte der Prinz sein weiteres Vorgehen beschlossen. "Ich werde Nu-Nah mitnehmen, vorgeblich auf eine lange Reise durch das Land zum Vergnügen. Ja, zum Vergnügen, aber nicht zu dem, dem wir uns seit unserer Heirat unterworfen haben."

Am nächsten Morgen, sobald die Prinzessin ihn sehen konnte, bat er um ihre sofortige Anwesenheit. Er empfing sie an der Tür und führte sie, nachdem er sich liebevoll nach ihrem Befinden erkundigt hatte, zu einem Sessel am offenen Fenster, wo die Strahlen der Morgensonne auf sie fallen konnten, während sie die zarte Spitze durchdrangen, die am Fenster hing. Er zog einen Stuhl an ihre Seite und begann, ihr seine Pläne zu erläutern, wobei er jede Bewegung und jeden Gesichtsausdruck beobachtete, um zu sehen, welche Wirkung sie auf sie haben würden. Sie verriet ihre Gedanken erst, als er sagte, er wolle nicht so sehr reisen, sondern sich in eine ruhige, angenehme Ecke zurückziehen, wo sie für eine Weile von der Welt und den Menschen, die sie kannten, ausgeschlossen sein könnten, und statt ihre Zeit mit den oberflächlichen Vergnügungen der Welt zu verbringen, könnten sie die Gesellschaft des anderen genießen und etwas über die unsichtbaren Geheimnisse erfahren, die sie umgaben.

Als er die Gründe für seine Pläne nannte, veränderte sich ihre Miene merklich, und in ihren Augen erschien ein Leuchten, das er schon lange nicht mehr gesehen hatte, und als er geendet hatte, strahlte ihr ganzes Gesicht vor innerer Freude, was den Prinzen dazu drängte, die Pläne, die er während seiner nächtlichen Überlegungen geschmiedet hatte, weiter zu enthüllen. Die Prinzessin erhob keinen einzigen Einwand gegen seine Pläne, sondern ging im Gegenteil mit einem Eifer darauf ein, der selbst den Prinzen überraschte.

"O, allein zu sein, Rathunor, wo wir nachdenken und studieren können, was wir wollen, das ist seit vielen Wochen die Sehnsucht meiner Seele; können wir nicht einmal auf gehen, wenn möglich heute." Sie spürte, dass sie nicht die nötige Zeit abwarten konnte, bis die Vorbereitungen getroffen waren.

Es gab eine Pflicht gegenüber ihren Freunden, die erfüllt werden musste. Die aufopferungsvolle Aufmerksamkeit, mit der sie so lange bedacht worden waren, durfte nicht ignoriert werden. So wurde beschlossen, einen Abschiedsempfang zu geben, bevor sie zu einem unbestimmten Aufenthalt in einem fremden Land aufbrachen.

Dementsprechend wurden Einladungen zu einem großen Staatsakt ausgesprochen, bei dem das Prinzenpaar seinen Freunden und Bekannten Lebewohl sagen wollte. Ah! Lebewohl. Diejenigen, die an dieser glanzvollen Versammlung teilnahmen, ahnten nicht, als sie der Prinzessin und dem Prinzen zum herzlichen und aufrichtigen Abschied die Hand drückten, dass dies tatsächlich ein Abschied für alle war. Sie ahnten auch nicht einen Augenblick, was dieser Abschied für die Prinzessin und den Prinzen bedeutete. Es fiel ihnen schwer, ihr Glück zu verbergen, denn mit jeder Minute rückte ihre Abreise näher, und was ihre Gäste für das Glück ihrer Anwesenheit hielten, war in Wirklichkeit durch die Gedanken an die Zukunft bedingt.

Sie waren bald fort, und wir können ihnen nur eine Zeit lang in Gedanken folgen. Lasst diese Gedanken freundlich sein, denn ihr wisst, dass Gedanken mächtig sind, und sendet sie liebevoll an den erwachenden Geist von Prinzessin Nu-nah.

KAPITEL XII. DIE RÜCKKKEHR ZU EINEM NEUEN LEBEN.

Mehrere Jahre sind vergangen, seit wir unserem Prinzenpaar Lebewohl gesagt haben. Nur in großen Abständen hatten sie mit ihren Freunden kommuniziert. Die äußere Welt hatte sie fast vergessen, nicht aber der Hierophant und die Priesterin des Tempels. Täglich hatten sie für das Wohlergehen ihrer Seelen gebetet. Obwohl sie nicht körperlich mit ihnen in Verbindung standen, waren sie doch geistig mit ihnen verbunden, und aus dieser Quelle wussten sie, dass alles in Ordnung war. Der Hohepriester konnte bei seinen astralen Besuchen die wachsende Macht der Seele über das sich langsam entwickelnde Gehirn der Prinzessin sehen, und mit der elektrischen Seelenkraft, dem großen Ernährer und Erneuerer des Lebens, war, obwohl es ihm nicht bewusst war, die Abrundung der Herrschaft der Seele über das Gehirn und den Körper von Nunah schnell nahe.

Sie hatten sich in fernen Ländern niedergelassen, in der Nähe eines kleinen Dorfes, das am Fuße der Berge lag. Es bestand aus einfachen Bauern, wo das Leben frei von Gerede, Verdächtigungen, Kritik und krankhafter Neugierde war. Hier konnten sie leben und ihren Neigungen nachgehen, ungestört und unbeobachtet, wenn sie es wünschten. Sie behielten ihre Identität für sich, doch die Dorfbewohner wussten aufgrund der zarten Schönheit der Prinzessin und ihrer Gesichtszüge, dass sie einer adligen Familie und einem hohen Stand angehörte, doch ihr freundliches, rücksichtsvolles Verhalten ihnen gegenüber gewann sofort ihre Liebe und Wertschätzung, und ebenso schätzten sie den Prinzen, denn er war immer verschwenderisch mit seinem Geld und seiner Aufmerksamkeit gegenüber denen, die ihn um Hilfe baten. Die Berge wurden bald zu ihrem Lieblingsort. Täglich unternahmen sie lange Spaziergänge und ruhten sich in den stillen Winkeln am Berghang aus. Ein Ort wurde ihnen besonders ans Herz gelegt, denn dort

69

hielten sie nie an, ohne dass ihnen Inspirationen kamen. Hier erhielt Nu-nah ihre erste Lektion von Rathunor; an diesem heiligen Ort offenbarte Rathunor ihr sanft, aber behutsam die Initiationsriten des Tempels, die an ihrem bewusstlosen Körper durchgeführt worden waren. Dies erregte eine intensive Neugier, wenn nicht gar ein tiefes Interesse in Nu-nahs Geist. Sie begann zu fragen und nachzudenken, und während sie nachdachte, tauchte eine vage, schimmernde Erinnerung an die Vergangenheit auf, und wenn Rathunor nach der Ursache ihrer fast unbewussten Stimmungen fragte, hob sie die Hand, um seine Stimme zum Schweigen zu bringen, und flüsterte: "Ich träume - oh, etwas so Großes, so Feierliches, so Heiliges sucht meinen Geist heim; warte nur, und alles wird nach und nach kommen", dann schienen ihre dunklen Augen größer und größer zu werden und mit einem konzentrierten Feuer zu brennen.

Die Freude des Prinzen kannte keine Grenzen, denn diese Äußerungen ließen ihn glauben, dass sie tiefen Wünschen und Interessen entsprangen, und so schien sich die Zeit bis zu dem Tag zu verkürzen, an dem sich ihre ganze Zeit und Aufmerksamkeit dem Studium der Geheimnisse der Natur zuwenden und ihnen die Geheimnisse des Lebens enthüllt werden würden, wodurch die innere Sehnsucht nach der Wirklichkeit des Lebens gestillt würde. Außerdem wusste er, dass die neue Liebe, die in Nu-nahs Herz für ihn geboren worden war, mehr war als die Liebe, die nur von außen kennen kann. Ihre Tiefen konnte er nicht ergründen, noch ihrer Quelle nachspüren, und so begnügte er sich damit, die verheißene Zeit abzuwarten, die der Astrologe vorausgesagt hatte, dass Nu-nah ihn führen, leiten und diese geistigen Wahrheiten lehren und seiner bereits erwachenden Seele die Gesetze des Geistes offenbaren würde.

Nun wurde dem Prinzen eine neue Freude zuteil, als die Prinzessin ihm mitteilte, dass ihrer zärtlichen Fürsorge und Obhut eine neue Seele anvertraut worden war. Der Gedanke an die Mutterschaft erfüllte ihr Herz mit Glückseligkeit. Es war ein gesegnetes Privileg, eine Seele auf diese Ebene der Existenz zu bringen, die darauf wartete, in menschlicher Form zu inkarnieren, um auf diesem Planeten zu leben, zu wachsen und die letzte große objektive Existenz zu erfahren, die die Seele kennen kann. Mit welcher Sorgfalt, mit welchem Vergnügen würde sie diese kleine Seele ausbilden, damit sie ihren Gott und die Geheimnisse des Lebens kennen lernt und in ihrer Reife der Menschheit Weisheit und Wahrheit beibringen kann.

Die Freude an der Vorbereitung auf die Ankunft ließ die Tage wie Minuten vergehen. Die Zeit, getragen von den Flügeln der Liebe, verging schnell. Ihre Seele hatte eine solche Kontrolle über den Verstand erlangt, dass er mit reinen, heiligen und geistigen Gedanken erfüllt war. Ihr Verstand konnte nicht über ihren Mann und die junge Seele, die in ihre Obhut übergeben worden war, hinausgehen. Die göttliche Freude der Liebe sang in ihrer Seele. Rathunor ließ sie in ihrem Glück allein, denn er wusste, dass in ihrem Zustand jede größere Anstrengung seinerseits, ihre Gedanken in neue Bahnen zu lenken, zu schlimmen Ergebnissen führen konnte.

Endlich kam der Tag der Geburt. Nachdem die magnetische und physische Zeit der Schwangerschaft abgeschlossen war, wurde ihnen ein Sohn geboren. Niemals wurde eine menschliche Seele mit größerer Liebe begrüßt und willkommen geheißen als diese. Es war nicht nur das Kind der körperlichen Vereinigung, sondern auch das der Seelen. Willkommen, dreimal willkommen, den Kindern, die aus solcher Liebe geboren wurden. Der körperliche Zustand der Prinzessin war mehrere Tage lang sehr kritisch. Der Kummer und die Angst des Prinzen waren fast unerträglich; weder Schlaf noch Essen nahmen ihm während ihrer schweren Krankheit einen Augenblick seiner Zeit, und oft dachte er, dass Nunahs Seele wieder die Flucht ergreifen und sich auf den Weg in die höheren Gefilde machen würde.

Der achte Tag nach der Entlassung war ein Tag der Stumpfheit und Bewusstlosigkeit. Kein Augenblick verging unbemerkt. Es war kurz vor Mitternacht, als die Pfleger sich für eine kurze Ruhepause zurückgezogen hatten und Rathunor allein an ihrem Bett saß, als sich ihre Augen plötzlich öffneten und sich ihr Blick auf ihn richtete. Die schöne, ruhige, göttliche Nu-nah, ihre wunderbaren Augen leuchteten mit einem überraschenden Glanz, und sie waren so sehr auf ihn fixiert, dass er sich nicht zu bewegen wagte, geschweige denn zu sprechen. Die Minuten, die zwischen ihrem Erwachen und dem Sprechen vergingen, kamen Rathunor wie eine Ewigkeit vor.

"Mein geliebter Mann, bist du bei mir, bist du dort, wo ich mit dir sprechen kann, und sind wir allein?"

Nur durch einen sanften Druck der Hand konnte er antworten, und indem er seine rechte Hand sanft auf ihre Stirn legte, versicherte er ihr durch diese Handlung seine Anwesenheit. Sie begann zu sprechen - ihre Stimme war leise, aber klar und deutlich: "Mein Rathunor, mein wahrer Seelengefährte, ich bin mit dem Wissen zurückgekehrt, das ich dir jetzt mitteile. Während du so geduldig und zärtlich neben meinem gebrechlichen und fast leblosen Körper wachtest, war meine Seele fort, um in der Seelenwelt Wissen und Erfahrung zu sammeln. Dort habe ich gelernt, wer ich bin und in welcher Beziehung ich zu dir stehe. Weißt du, o mein Rathunor, dass unsere Seelen jene göttliche Beziehung zueinander aufrechterhalten, die uns unsterblich macht, weil wir vollständig sind? Das Ganze, die beiden Strahlen des göttlichen Ichs, sind in unserer Vereinigung vereint und verschmelzen zu einer Einheit. Kannst du mich weiter anhören?"

Die Aufregung seines Kummers begann sich zu legen, und er konnte nun ruhig und ohne Emotionen ihren Worten zuhören.

"Ja, fahren Sie fort. Was Sie bereits gesagt haben, hat sich unauslöschlich in meinen Geist und meine Seele eingebrannt. Lass mich alles hören, was du mir mitzuteilen hast."

"Wisst ihr, dass dieser Körper der von Nu-nah war und diese Seele die von Sarthia?"

Nur durch eine gewaltige Willensanstrengung gelang es ihm, die Emotionen seines Herzens zu unterdrücken, aber die überlegene und gottgleiche Kraft einer unsichtbaren Gegenwart hielt ihn aufrecht. Die Fürstin beachtete sein Schweigen nicht und fuhr mit ihren Offenbarungen fort.

"Wisst ihr, dass in der Vollmondnacht, als die feierlichen und heiligen Riten über den bewusstlosen Körpern von Sarthia und Nu-nah im Heiligen Heiligtum des Isis-Tempels vollzogen wurden, unsere Seelen durch die magische Kraft des Hohepriesters und der unsichtbaren Assistenten übertragen wurden? Nu-nahs Seele wurde in Sarthias physischem Tempel polarisiert und die von Sarthia in dem von mir. Beide wurden durch den bösartigen Einfluss der Planetenbögen bis zur Auflösung geschwächt, und zu dieser Methode wurde gegriffen, , damit unser beider Leben verschont bliebe, um unsere notwendige physische Existenz abzurunden, während wir noch in diesen Körpern sind, und auch um euretwillen wurde dies von unserem Heiligen Vater unternommen, damit ihr die Liebe habt, nach der ihr euch so sehr sehnt, und die Sehnsucht eurer Seele mit dem Wissen gestillt wird, nach dem sie dürstet. Dies wird dir die große Veränderung erklären, die du zuweilen in deiner Nu-nah beobachtet hast, und die unnatürlichen, träumerischen Stimmungen, die mich manchmal besaßen. Das Gehirn reagierte nur langsam auf die wunderbar entwickelte Seele von Sarthia, und es waren die Zeiten, in denen die Seele die Oberhand gewann, in denen sich die größte Veränderung zeigte. Du hast jetzt die wahre, hingebungsvolle Liebe deiner Seelengefährtin und die liebliche Form von Nu-nah für deine Frau. Mein Rathunor, bist du zufrieden? Sollte ein Schmerz der Enttäuschung dein Herz durchdringen, so mag unser liebes Kind hier dies auslöschen, wenn es heranwächst und unsere mystische Überlieferung lernt und auch ein Seelengefährte seiner Väter wird, wenn es die Leiter zu höheren Weisheiten und Sphären als der unseren erklimmt."

Der Prinz konnte nicht sprechen. Er sank neben dem Bett auf die Knie und vergrub sein Gesicht in ihrem Schoß. Wie lange er in dieser demütigen Haltung verharrte und seine Dankbarkeit im Gebet ausschüttete, wusste er nicht; aber als er aufstand, schlief die Prinzessin ruhig, und ihr Atem war, wenn auch schwach, tiefer und gleichmäßiger. Er legte ihr sanft die Hände auf den Busen, rückte die Kleidung zurecht und verließ sie mit einer neuen Hoffnung, die er seit vielen Tagen hatte. Das Leben erschien wieder in seiner ganzen Pracht, kein Schatten erschien an seinem Horizont; Müdigkeit und Angst verließen ihn, und er ging umher, als ob er in der Luft schwebte, aber kein Wort kam ihm über die Lippen, und keine Handlung verriet seine neugeborene Freude.

Als die Krankenschwestern zurückkamen, bemerkten sie sofort die Veränderung an der Prinzessin. Auch sie wurden hoffnungsvoll und versicherten dem Ehemann, dass seine Frau bald wieder gesund sein würde. Die Prinzessin erholte sich schnell, und es dauerte nicht lange, bis ihre sanfte Präsenz und ihr edler Einfluss das Haus erhellten, in dem sie sich bewegte.

Sobald Rathunor von Nu-nahs Seite aus die Zeit erübrigen konnte, schickte er die Geburtsstunde seines Erstgeborenen an den Astrologen-Priester. Gespannt erwartete er die Deutung der Sterne und was sie für sein Kind anzeigten. Die Berechnungen waren gemacht, das Urteil schriftlich eingereicht, aber "Soll ich sie dem Prinzen und der Prinzessin übermitteln, können sie die darin enthaltenen Offenbarungen noch empfangen und philosophisch akzeptieren?"

Er verließ das Studierzimmer und begab sich in die Gemächer des Hohepriesters, um Rat und Anweisungen einzuholen. Dann machte er durch die Ausübung seines starken Willens die notwendigen Beobachtungen, um zu sehen, ob es weise sei, das Wissen um die Vorhersagen an seine Kinder Nu-nah und Rathunor weiterzugeben.

"Noch werden wir die Lektüre nicht abschicken. Unsere Nu-nah hat sich noch nicht genügend erholt, um unangenehme Nachrichten zu ertragen."

Rathunor wurde ungeduldig und dachte manchmal, er würde wieder schreiben - der Brief musste verloren gegangen sein -, aber irgendetwas hielt ihn zurück. Schließlich wurde er von seltsamen Vorahnungen heimgesucht. Er kannte die Schnelligkeit des Priesters der Astrologen nur zu gut; es musste etwas geben, das Nu-nah nicht offenbart werden konnte. Er glaubte, stark genug zu sein, um alles, was kommen mochte, resigniert zu ertragen, aber als es kam, hatten ihn all seine Vorahnungen nicht darauf vorbereitet, es zu empfangen. Es war nur ein Brief - keine Berechnungen - keine Deutung, wie sie die Sterne anzeigten. Der Brief war vom Priester diktiert und vom Schreiber Hermo niedergeschrieben worden und lautete wie folgt:

"Unsere geliebten Kinder, Rathunor und Nu-nah, tragen tapfer die Nachricht, die ich euch jetzt übermittle. Euer Erstgeborener, der Sprössling wahrer Inspiration und Seelenliebe, kann nicht lange in physischer Form bei euch bleiben. Die Sterne verweigern ihm ein längeres Leben, und mein inneres Wissen über den planetarischen Einfluss sagt mir auch, dass sein Leben auf der Ebene unserer Erde von kurzer Dauer sein wird. Seine bereits gereifte Seele braucht nicht mehr viel irdische Erfahrung, um ihre objektive Existenz zu vervollständigen, bevor sie in das wahre Leben in der geistigen Welt eintritt; dort wird sie bleiben, meine lieben Kinder, euch immer wieder zuwinken und euch jene Energie zuführen, die euch zu immer größeren Anstrengungen anspornen wird, um das Unsterbliche Leben zu verwirklichen, solange ihr noch in der physischen Form seid. Kümmert euch sorgfältig um sie, aber wenn die Großen Mächte, die da sind, ihre Seele zum Gehen auffordern, versucht nicht, sie hier festzuhalten, sondern fügt die Kraft eurer vereinten Gebete zu ihrem Flug hinzu und bittet sie, in ihre Heimat in den geistigen Reichen oben zu gehen. Gott segne euch und gebe euch die Kraft, meine Kinder, so lautet das Gebet eures ergebenen Vaters. Amen! Amen!"

Die starke geistige Kraft, die mit dem Brief und seinem liebevollen Rat zu begleiten schien, verlieh ihren Herzen Mut, und statt in

Trauer zu verfallen, begannen sie philosophisch zu denken und sich zu trösten, dass Gottes Wege weiser sind als die der Menschen.

Nicht viele Monate blieb ihr liebes geistiges Kind bei ihnen, bis seine Seele ihren Flug in jenseitige Gefilde antrat, wo es wahrlich wie ein Leuchtfeuer für die Seelen seiner Eltern wurde. Sein Weggang ließ den Prinzen und die Prinzessin eine Zeit lang traurig und einsam zurück, und ihr Ringen um Versöhnung war groß - aber das war eine Sache des Herzens und nicht der Seele. Die Zeit heilte die äußere Wunde, und die innere Leere wurde durch das Studium, die Erforschung und die Entwicklung des inneren Wissens zum äußeren Bewusstsein gefüllt.

Wieder wurden sie unruhig und schmiedeten Pläne ihr glückliches Zuhause in der Nähe der Berge und die treuen Freunde zu verlassen, die sie unter den Dorfbewohnern gewonnen hatten, die es bedauerten, sich von ihnen zu trennen, und als Andenken an ihre ehrliche, edle Freundschaft verteilten sie ihren Hausrat und ihre persönliche Habe unter ihnen. Sie verrieten niemandem, wohin sie gehen würden. Sie verschwanden so geheimnisvoll, wie sie gekommen waren, aber wohin? Nur ein einziger Ort auf der Erde konnte sie dazu verleiten, dieses heilige Haus zu verlassen, in dem sie so viel Freude und Leid erlebt hatten, und das war die ehemalige Heimat der Seele von Nu-nah, der Tempel der Isis. Nu-nah sollte als Anwärterin auf den Titel einer Priesterin eintreten und Rathunor als Priesterkönig.

Die Rückkehr in ein neues Leben wurde von allen Dienern des Tempels freudig begrüßt. Rathunor und Nu-nah durchliefen bald die zeremoniellen Riten des Tempels, und niemand war treuer in ihren Bemühungen und Studien als diese neugeborenen Kinder - die besondere Sorge des Hohepriesters und der Priesterin.

Wir lassen sie hier und wünschen ihnen den Fortschritt, das Glück und den göttlichen Frieden und das Verständnis, das alle vollendeten Seelen erlangen. Gott sei mit ihnen.

Buchtipps

- Der Spiritismus
  In Neusatz und aktueller Rechtschreibung. Autor: du Prel, Carl. Der Spiritismus ist ohne Zweifel die paradoxeste aller Wissenschaften und er wird es wohl noch lange bleiben. Das liegt offenbar nur daran, dass ...
- Die Grenze des Unbekannten
  Verbindungen zum Jenseits. Autor: Doyle, Arthur Conan. Doyle beschäftigte sich in seinem letzten Lebensabschnitt intensiv mit dem so genannten „Spiritismus". Die Beiträge in diesem Buch beziehen sich auf dieses Thema, und es ...
- Die Hexe
  Weise Frauen des Mittelalters. Autor: Michelet, Jules. Die Hexe (La sorcière) ist ein Buch über die Geschichte des Hexenwesens des französischen Historikers Jules Michelet, der den Lehrstuhl für Geschichte am Collège de ...
- Die Natur psycho-physikalischer Phänomene
  Materialisations-Experimente mit M. Franek-Kluski. Autor*innen: Sedlacek, Klaus-Dieter; Schrenck-Notzing, A. Freiherrn von. Die vorliegende Schrift beschäftigt sich mit speziellen physikalischen Phänomenen, nämlich der durch Versuchspersonen verursachten Materialisation von Objekten. Das tatsächliche Vorkommen dieser ...
- Die vierte Dimension
  Und ihre Anwendungen – Eine Theorie des Überlebensmechanismus. Autor: Carington, Walter Whately. Whately Carrington, ein prominenter Erforscher des Paranormalen aus dem frühen 20. Jahrhundert nimmt sich seltsamer und wunderbarer Themen an und ...
- Gedanken sind Dinge
  Ausgewählte Beiträge aus der Bibliothek des Weißen Kreuzes. Autor: Mulford, Prentice. Der menschliche

Gedanke ist ein echtes Element, eine echte Kraft, die wie Elektrizität aus dem Geist eines jeden Mannes oder einer ...

- Geister, die ich gesehen habe
und andere übersinnliche Erfahrungen. Autor: Tweedale, Violet. Das Buch ist zweifacher Natur. Einerseits gibt die Autorin Berichte wieder, die unter anderem von ihren zahlreichen Freunden und Bekannten aus der Oberschicht stammen und ...

- Geschichte der Magie
Buch 1 bis 7 komplett – Mit den Verfahren, Riten und Myterien. Autor: Lévi, Eliphas. Die „Geschichte der Magie" von Eliphas Lèvi ist eine wunderbare Vorlage für spirituelle Sucher. Es beeinflusste bereits ...

- Moderne Magie
Überlieferungen und Berichte unerklärlicher Phänomene weltweit. Autor: Schele De Vere, Maximilian. Das Buch „Moderne Magie" enthält eine Fülle von Berichten sowie eine umfangreichen Bibliographie der Überlieferungen und Berichte unerklärlicher Phänomene weltweit. Es ...

- Paranormales und gesunder Menschenverstand
mit einer Einführung von PROF. W. F. BARRETT, F.R.S. Ehemaliger Präsident der Gesellschaft für Psychische Forschung. Autor: Willson, Beckles. Als der Autor sich zum ersten Mal in das weite und neblige Gebiet ...

- Vom Jenseits der Seele
Die Geheimwissenschaften in kritischer Betrachtung. Autor: Dessoir, Max. „Es mag der ... Psychologie unendlich schwer fallen, in Gebiete sich zu dehnen, die verständlich werden nur vom Standpunkt eines wirklichen Transzendent-Seelischen, eines von ...

- Wie man Gedanken liest: eine Gebrauchsanweisung
Seltsames und Mystisches im täglichen Leben, übersinnliche Phänomene. Autor: James Coates. In neuerer Zeit haben psychologische Themen in bemerkenswerter

Weise die öffentliche Aufmerksamkeit auf sich gezogen. Der „neue Mesmerismus" und der „neue ...

- Wissenschaftliche Parapsychologie
Autor: Driesch, Hans. Mit den »mystischen«, »irrationalen« Neigungen hat die Parapsychologie gar nichts zu tun. Sie ist Wissenschaft, ganz ebenso, wie Chemie und Geologie Wissenschaften sind. Unmittelbar »schauen« tut sie gar ...